DENTE DE LEITE S.A.

Futebol Arte, Cavalcante-GO © Caio Vilela

DENTE DE LEITE S.A.

A indústria dos meninos bons de bola

Juan Pablo Meneses

Tradução
Flávia Busato Delgado
Renata Cordeiro

Amarilys

Título original em espanhol: *Niños Futbolistas*
Niños Futbolistas © 2013 by Juan Pablo Meneses
Edição brasileira publicada mediante acordo com a Blackie Books S.L.U. c/o MB Agencia
Literaria S.L.

Amarilys é um selo editorial Manole.

Editor-gestor: Walter Luiz Coutinho
Editor: Enrico Giglio
Produção editorial: Luiz Pereira
Preparação: Adriana Feitosa
Editoração eletrônica e revisão de provas: Depto. editorial da Editora Manole
Capa: Ricardo Yoshiaki / Foto de capa: Futebol Arte, Santa Terezinha-CE © Caio Vilela

Dados Internacionais de Catalogação na Publicação (CIP)
(Câmara Brasileira do Livro, SP, Brasil)

Meneses, Juan Pablo, 1969- .
Dente de Leite S.A. : a indústria dos meninos
bons de bola / Juan Pablo Meneses ; tradução
Flávia Busato Delgado, Renata Cordeiro. --
Barueri, SP : Amarilys, 2014.

Título original: Niños futbolistas
ISBN 978-85-204-3976-0

1. Crianças pobres - América Latina 2. Futebol -
Europa 3. Meninos jogadores de futebol - Seleção
4. Negócios 5. Repórteres e reportagens I. Título.

14-04041   CDD-796.334

Índices para catálogo sistemático:
1. Jogadores mirins : Comércio : Futebol :
Reportagem 796.334

1ª edição brasileira – 2014

Editora Manole Ltda.
Av. Ceci, 672 – Tamboré
06460-120 – Barueri – SP – Brasil
Tel. (11) 4196-6000 – Fax (11) 4196-6021
www.manole.com.br | www.amarilyseditora.com.br
info@amarilyseditora.com.br

Impresso no Brasil | *Printed in Brazil*

Este livro contempla as regras do Acordo Ortográfico da Língua
Portuguesa de 1990.

Para Diana

"Há povos que nasceram para criar jogadores de
futebol e outros, para comprá-los."
Manuel Vázquez Montalbán,
Liga de traficantes

Sumário

1. O prólogo

Algumas semanas atrás, ele completou onze anos de idade e acredita que o futebol pode tirá-lo da pobreza. Está certo disso. Ele acha que uma carreira de jogador de futebol, com vitórias e gols e aviões e viagens e campeonatos e contratos e campanhas publicitárias e hotéis e autógrafos, vai levá-lo para longe daqui, deste campinho de terra em uma cidade da América Latina, deste bairro onde é perigoso andar sozinho à noite e as drogas correm soltas, mais rápido que os ratos. Ele acredita que se jogar bem e trabalhar duro poderá conhecer o mundo, por isso ele treina muito mais do que estuda. E sonha em ser contratado por algum time da Europa. Ele se imagina no topo, vestindo a camisa do Barcelona ou do Real Madrid ou da Inter ou da Juventus. Não descarta a Inglaterra, nem a Alemanha. Ele sabe que quer vencer, mas diz que não quer que o sucesso lhe suba à cabeça.

Ele usa uma argola de falsos diamantes na orelha direita e tem uma cicatriz perto da boca, o cabelo curtinho na parte de cima e quase raspado dos lados, os joelhos machucados, menos de um metro e trinta de altura e o futuro mais promissor do bairro todo.

No campinho de terra está começando uma nova partida e ele, que acaba de jogar e perder, ainda não sabe que vai ser o protagonista deste livro.

Esta é a história de uma viagem, uma busca, mas não uma busca filosófica ou espiritual. Em dois anos, visitei muitos campos de futebol em busca de uma pessoa, o mesmo troféu que hoje caçadores de todo tipo perseguem: um menino promissor que em breve eu possa vender para um time de futebol europeu.

Mais de uma vez, durante estes dois anos de pesquisas, fui aconselhado a desistir, a não me meter em confusão. Outras vezes, com a maior tranquilidade, as pessoas me falavam de preços, das melhores rotas para a compra e venda, das condições ideais que o pequeno goleador deveria ter para fazer sucesso e, assim, injetar dinheiro em toda a cadeia.

Encontrei meninos que passam o dia inteiro jogando futebol em bairros violentos onde seus irmãos mais velhos arriscam a vida ou já a perderam, me deparei com um golpe de Estado, tomei conhecimento de um massacre com rajadas de metralhadora em uma partida de futebol mirim, soube de um pai que não falou com o filho durante uma semana porque ele perdeu um pênalti. Mas estive também em boates de luxo, onde aqueles que triunfaram na Europa são os reis da noite, perseguidos por muitas beldades, modelos ou aspirantes à fama com a mesma obstinação com que um dia foram perseguidos pelos olheiros. Porque durante todo esse tempo, centenas de jovens atravessaram o Atlântico com um bom contrato debaixo do braço. Centenas de novos milionários que depois voltam para seus bairros pobres em carros de luxo, com presentes para a família, os amigos e vizinhos.

Conheci também outras histórias, como a do bairro Pablo Escobar, em Medellín, na Colômbia, uma área pobre da cidade chamada familiarmente dessa forma em homenagem ao traficante de drogas que trouxe água e energia elétrica, que construiu casas e campos de futebol para todos, e onde mães e avós rezam pela memória de Escobar para que as crianças tenham sucesso no futebol. Ou a história do Clube Social Atlético e Desportivo Ernesto Che Guevara, um pequeno time de futebol da província de Córdoba, na Argentina, cujo lema, bastante antieconômico e revolucionário, é que os pequenos jogadores se transformem em "novos homens" e não em objetos de contratos fabulosos. Ou a história do pai e do filho do porto de Callao, no Peru, que, sem querer, intoxicaram um menino argentino chamado Lionel Messi com frango assado. Ou a do representante de Diego Armando Maradona e sua relação com o menino nascido em uma favela argentina. Ou a história do agente da FIFA que me avisou, como muitos com os quais cruzei pelo caminho, que deveria tomar cuidado para não me apegar a essas crianças. *Pibes, chinos, chamos, chavos,*[1] dependendo do país onde eu estivesse.

Para escrever *Dente de Leite S.A.*, o meu plano era comprar de fato, com dinheiro, o protagonista do livro. Uma experiência narrativa que eu gosto de chamar de "jornalismo *cash*", pois não é a primeira vez que as cédulas de dinheiro dão estrutura à minha história, cuja fórmula é muito simples: comprar e em seguida relatar; consumo + escrita. Tudo com o objetivo de conhecer, de dentro e de perto, essa parte da indústria e do comércio que, por razões que vamos revelar nestas páginas, muitas vezes desconhecemos e com a qual, em geral, não nos importamos.

Dente de Leite S.A. é, portanto, a jornada em busca de um bom jogador para, em seguida, oferecer o "produto" na Europa, principalmente na Espanha.

Para que fosse um experimento verdadeiro de jornalismo *cash*, a ideia era que se tratasse, também, de uma operação rentável, como aconteceu quando eu comprei La Negra para escrever *La vida de una vaca.*[2]

La Negra tinha uma semana quando encerrei a transação, e graças a ela, por três anos, pude escrever sobre o processo pelo qual um bezerro passa até chegar ao prato. Claro que, pelo caminho, a clareza do projeto foi dando lugar à incerteza.

---

[1] Vários sinônimos em espanhol para menino, moleque, garoto, guri e demais variações da mesma palavra em língua portuguesa. (N.T.)

[2] Para escrever *La vida de una vaca* (2008), o autor comprou uma vaca, alimentou-a e cuidou dela até o ponto de abate e o momento de levá-la para o matadouro, a fim de documentar o funcionamento da indústria da carne na Argentina. (N.T.)

A compra e venda de um jogador mirim é mais hermética e sombria que a de um bezerro.

Como no contrabando de espécies animais protegidas na América Latina, a principal porta de entrada dos meninos jogadores para a Europa é a Espanha. No Brasil, de onde vem a maioria dessas crianças, são capturados mais de 38 milhões de animais por ano, apesar de 90% morrerem durante a caça ou o transporte. Porém, a margem de lucro no negócio de animais exóticos, como no caso dos pequenos jogadores, é muito alta. Uma arara vermelha, que custa 15 dólares nas florestas brasileiras, pode chegar a valer 2 mil dólares na Itália. O preço pelo qual se pode comprar um jogador mirim às vezes não ultrapassa 200 dólares, mas o preço de venda final, em poucos anos, pode estar acima de 1 milhão.

Durante esse tempo, consultei representantes, advogados e agentes. Estive com jornalistas que trabalham como olheiros, proprietários de escolas de futebol que me mostravam com orgulho seus criadouros de ídolos, treinadores que me deram dicas para escolher um bom projeto, empresários de estrelas mundiais, pais ansiosos para que seus filhos fossem vendidos para a Espanha, funcionários de várias federações de futebol, especialistas no regulamento da FIFA, treinadores da primeira divisão e de divisões inferiores, potenciais compradores na Europa e clubes onde tentar minha compra na América Latina. Estas são suas histórias.

2. Os meninos

— Qual é o seu nome? — pergunto ao primeiro da fila.
A criança é tímida. Sussurra algo que não dá para ouvir.

— Mais alto, com energia! Se vocês querem ter sucesso, têm que se acostumar com as entrevistas — intervém a gritos o treinador, abordando o time todo.

— Qual é o seu nome? — repito.
— Axel Moyano.
— Idade?
— Nove anos.
— Onde você nasceu?
— Em Buenos Aires.
— Posição em campo?
— Volante.
— Onde você gostaria de jogar?
— No Barcelona.

— Qual é o seu nome?
— Anderson Acevedo Chávez.
— Idade?
— Oito anos.
— Onde você nasceu?
— Em Callao.
— Posição em campo?
— Lateral direita.
— Onde você gostaria de jogar?
— No Old Boys.

— Qual é o seu nome?
— Sandro Marín.
— Idade?
— Nove anos.
— Onde você nasceu?
— Em Pueblo Libre.
— Posição em campo?
— Zagueiro.
— Onde você gostaria de jogar?
— Real Madrid.

— Qual é o seu nome?
— Aldair Cáceres.
— Idade?
— Oito anos.
— Onde você nasceu?
— Em Callao.
— Posição em campo?
— Atacante.
— Onde você gostaria de jogar?
— Barcelona.

— Qual é o seu nome?
— Diego Campos.
— Idade?
— Nove anos.
— Onde você nasceu?
— Em Callao.
— Posição em campo?
— Zagueiro.
— Onde você gostaria de jogar?
— Barcelona.

Os meninos da Academia Desportiva Cantolao acabaram de terminar uma partida em um dos campinhos de terra e agora estão em volta do técnico. Este se chama Hugo Melgar e treina pequenos jogadores há dez anos. É baixinho, fala alto e veste o uniforme do Real Madrid. Ele diz que gosta das cores do time madrilenho.

A Academia fica na cidade de Callao, a oeste de Lima. O céu, como sempre, está nublado. Ao fundo, pode-se ouvir o barulho de buzinas, sirenes da polícia, o barulho normal da rua. As mães e os pais e as avós presentes no treino também se aproximaram para ouvir as respostas das crianças. Na área onde os carros estão estacionados, há um Nissan que tem na parte de trás uma foto ampliada do cantor de salsa Héctor Lavoe: um herói latino-americano que não jogava futebol.

Para muitos desses pequenos, e para os familiares que os acompanham, o futebol não é um jogo: é um assunto sério, pelo qual vale a pena deixar de lado outras coisas e que lhes pode trazer dividendos substanciais no futuro. Dizem isso sem rodeios. Por esta razão, a maior parte desses garotos cumpre os horários de treino com rigor de escriturário, e a família toda adapta suas agendas e rotinas em função dos meninos. Esses garotos já estão trabalhando.

Eles não estão sozinhos. Na América Latina, mais de 17 milhões de crianças e adolescentes com idades entre 5 e 17 anos de idade trabalham. No México, há 2 milhões de crianças que começam a trabalhar antes dos 14 anos, idade mínima legal para o trabalho. E no Brasil, a cada ano são colocadas à venda para trabalho rural ou doméstico cerca de 40 mil crianças.

Não há números oficiais do comércio de jogadores mirins. O futebol só é reconhecido formalmente como trabalho quando o jogador assina o seu primeiro contrato profissional. Antes disso, é considerado um esporte recreativo. Embora seja, na verdade, um investimento. Um projeto em que a idade de início e seleção é cada vez mais precoce.

O jogador mais jovem a ganhar uma Copa do Mundo foi Pelé, quando o Brasil derrotou a Suécia na final de 1958 – ele tinha 17 anos e 237 dias. O jogador mais jovem a ter participado de um Mundial foi Norman Whiteside, da Irlanda do Norte, que tinha 17 anos e 41 dias quando jogou o Mundial da Espanha, em 1982. O estreante mais jovem do futebol profissional é o boliviano Mauricio Baldivieso, que tinha 12 anos quando jogou a partida do Aurora contra o La Paz Futebol Clube no Torneio Clausura 2009 da Liga Boliviana. Seu pai, Julio Cesar Baldivieso, ex-jogador da seleção nacional, era o treinador do time.

Os pais dos jogadores mirins sempre querem que seus filhos joguem.

Um novo dia de treino na Academia Desportiva Cantolao, a escola de futebol infantil mais tradicional do Peru. Callao, onde fica a sede, tem má fama: há quadrilhas, delinquência, trânsito lento e publicidade em todos os lugares, mesmo quando não há eleições.

Na entrada do campo onde o Cantolao treina, sou recebido por Dante Mandriotti, um sessentão corpulento, neto de um imigrante italiano que se instalou há quase um século no porto, onde montou uma espécie de império pesqueiro de albacora e merluza. Há trinta anos, Dante se dedica a "pescar" novos jogadores.

— Tentamos colocá-los nos clubes antes de completarem 18 anos. Os melhores vão para a Europa. Direto, sem jogar aqui. Hoje à noite um deles vai para a Bélgica. Com 17 anos. Vai só para fazer testes, é claro. E temos outro no Schalke 04; um caso especial, um menino órfão de pai e mãe. Ele foi trazido com 10 anos de idade de um lugar perigoso de Callao e ficou um tempo aqui, e agora está no Schalke — revela Dante, enquanto caminhamos a passos lentos pelos campos. À nossa frente, jogam uma centena de crianças e jovens que em poucos anos já serão considerados velhos.

Dante fala de seu sucesso. Diz que sempre ligam para ele da Europa em busca de futuras estrelas mundiais. Diz que não há melhor escola que a sua. Diz que, além de transformá-los em grandes jogadores, aqui eles ficam longe da pobreza. Diz que não tem medo dos olheiros. Ele me pergunta o que estou procurando e se, por acaso, não sou um espião. Um espião chileno no Peru. Conto a ele sobre o livro. Digo que estou procurando dicas para um bom negócio. E pergunto quais são as recomendações para comprar um jogador mirim.

— Que seja rápido. Se for rápido, conseguirá chegar lá; se for lento, não. O problema é a mente, isso é fundamental. Toda a questão física e técnica pode ser trabalhada, a mente não, nem a rapidez.

Dante fala alto, rápido e direto como um chute na área. Fala de seus meninos como se fosse um cafetão. Segundo ele, o fato de o menino latino-americano vir de um bairro violento ajuda a formar seu caráter.

— Isto é uma quebrada, como Valparaíso, como La Boca: lugares adversos. Muita promiscuidade, prostituição, álcool, drogas, delinquência; há ladrões, tiroteios entre quadrilhas à noite. Aqui os meninos têm que lutar para serem bem-sucedidos. Além disso, treinamos em campo de terra, e essa é outra adversidade, porque eles têm que correr evitando buracos, pedras, quedas.

Neste ambiente marginal, a família tem um papel fundamental. Dante sabe disso:

— Aqui em Cantolao, se um pai me diz que eu tenho que pôr seu filho para jogar, eu o expulso em dois minutos. Eles sabem que não podem vir para discutir comigo, e aquele que não obedece as regras vai embora. Quando os pais são muito briguentos, eu os proíbo de virem ver seus filhos jogar, porque eles se exaltam. Eles entram em campo, batem no juiz. Alguns até já sacaram armas, são pessoas de má índole.

Nós nos aproximamos de um campo onde treinam as categorias de oito e nove anos. Para muitas dessas crianças, a bola chega até a altura dos joelhos. Mesmo assim, já se pode notar se levam jeito para jogadores de futebol. E alguns já têm *look* de jogador; cabelo de jogador, brincos de jogador, tatuagens de jogador e trejeitos de jogador.

A maioria das crianças que existem no mundo são pobres. Mais de 500 milhões vivem abaixo do nível de subsistência. A maior parte dos meninos jogadores de futebol também é pobre. E joga em campinhos de terra em diversos lugares do mundo, sob o olhar de suas mães, pais ou avós.

3. O avião

Dou início à minha primeira viagem em busca de um protagonista para este livro. O avião parte de Buenos Aires. Assim começa a história de uma caçada.

A cabine inteira está às escuras, exceto a parte traseira. Lá, improvisava-se uma conversa animada entre dois passageiros e duas comissárias de bordo. Espero minha vez na porta do banheiro.

— E por que vocês viajam tanto? — pergunta uma das aeromoças.

— Negócios — responde o passageiro mais novo, um sujeito segurando um iPad.

— Estamos no negócio do futebol — acrescenta o outro. — Nós compramos e vendemos jogadores.

Fico ali escutando, mas eles não falam mais sobre negócios. Então, uma das comissárias de bordo nos diz que vão começar o procedimento de pouso, que temos que nos sentar. Volto para o meu assento, endireito o encosto e ajusto o cinto de segurança. No assento imediatamente à minha frente está sentado um dos sujeitos que conversavam com as aeromoças. Está ao alcance das minhas mãos. Então toco o ombro dele:

— Desculpe, é que sem querer escutei sua conversa agora há pouco. Você está no negócio do futebol, não é?

— Você também? — pergunta ele, por sua vez, virando-se rapidamente.

— Hã? É, eu também.

— Você lida com jogadores? É agente? Representante? — lança a ladainha de perguntas virando o pescoço para trás.

— Por enquanto eu só quero comprar um jogador. Tem um para vender?

— Mas que tipo de jogador você quer comprar?

— Um jogador mirim que tenha projeção internacional.

— Ah, e que faça você ficar rico... Você quer o sonho do garoto.

Ele diz que não gosta do negócio dos jogadores mirins, que lhe parece uma aposta de muito longo prazo, com poucas probabilidades de retorno. Porém, acrescenta:

— Acho que posso conseguir algo parecido com o que você está procurando. Pode me telefonar em Buenos Aires.

Ele me dá seu número de telefone e diz seu nome pela primeira vez: Luis Smurra. Tem cerca de quarenta anos, veste um jeans jovial e usa tênis brancos. Está indo para o Peru como "agente", uma espécie de representante que ganha uma porcentagem ao fechar determinada transação, mas que não tem maiores relações com o jogador; uma espécie de pistoleiro que viaja com a missão de fechar negócio o quanto antes. Em dois dias, Luis estará de volta a Buenos Aires com a comissão creditada na sua conta. Ele diz que faltam alguns detalhes para assinar com a equipe peruana, mas que tem fé que vai conseguir isso logo. Também diz que não gosta do negócio dos jogadores muito jovens, as promessas. Nós nos despedimos combinados de que ligarei para ele em Buenos Aires. Antes, faço uma última pergunta:

— Por que você não gosta do negócio de jogadores de futebol mirins?

Ele sorri melancolicamente. Toca meu ombro e, antes de entrar no táxi que vai levá-lo até o hotel, diz:

— É muito arriscado. Logo você vai perceber. Esse negócio é puro risco.

4. O contato

O Café Haiti fica no centro do bairro de Miraflores, em Lima. Em frente ao Parque Kennedy e ao lado do Óvalo. É um lugar tradicional, servido por garçons elegantes e de cujas mesas, enquanto se bebe café ou um *pisco sour*,[1] pode-se ver passar boa parte da classe média limenha. Foi onde marquei um encontro com Víctor Zaferson, jornalista esportivo que trabalha para um portal de futebol peruano.

Víctor sabe que tenho a intenção de escrever um livro sobre meninos jogadores de futebol.

Em 2002, durante suas férias em Buenos Aires, enquanto assistia a um jogo no estádio do River Plate, o Víctor conheceu por acaso um intermediário de jogadores de futebol. O sujeito lhe entregou seu cartão e falou vagamente de seu interesse pelo negócio do futebol.

Assim que voltou de férias, a primeira coisa que o Víctor fez foi escrever um e-mail para ele. E depois de terem se comunicado por correio eletrônico e se adicionado no *Messenger*, o sujeito foi mais específico: pediu uma lista de trinta ou quarenta jogadores peruanos com menos de vinte anos que, segundo ele, tivessem habilidade e capacidade para jogar na Argentina.

Ele levou uma semana para fazer a primeira lista. Tomou por base as críticas que apareciam nos jornais esportivos, o que via na televisão e suas próprias pesquisas. Ia aos clubes para examinar as divisões menores e, se um garoto lhe parecia bom,

[1] Drink tipicamente peruano, uma espécie de "caipirinha" desse país. (N.T.)

lhe perguntava a idade e lançava-o em uma planilha de Excel. Finalmente enviou por e-mail uma primeira lista de seus escolhidos, e ficou um longo tempo sem receber uma resposta.

— Até que dois meses depois — me conta Víctor — o sujeito me escreve: "Eu mostrei a sua lista para os meus chefes". Ele não me disse quem eram os chefes, nem qual era a empresa, nem nada. Apenas "meus chefes". E disse: "Olha, eles estão interessados no Peru. O que você acha de fecharmos algo? Nós pagamos um salário mensal para que você nos envie todos os domingos a lista dos cinco melhores jogadores com menos de vinte anos".

Víctor, sentado em uma mesa dentro do Café Haiti, me conta, ainda admirado: pagavam a ele 300 dólares para ver os gols do domingo e anotar. Para ele parecia uma fortuna para fazer algo que, além de gostar, não lhe tomava muito tempo. O que veio em seguida era óbvio. Escreveram a ele dizendo que estavam interessados em determinados garotos.

— Foi nessa época que um dia o contato me disse: "Eu gosto desse tal de Farfán, eu o vi em um campeonato sul-americano. Arranja para mim o telefone dele". Então fui a um treino do Alianza Lima. Farfán estava lá, e pedi seu número de telefone. Disse a ele: "Me dá seu telefone?". E ele: "Dou sim, claro".

Desta vez, a primeira que conseguiu um telefone, não cobrou nenhum adicional. Mais tarde ele descobriria que conseguir o telefone direto de um jogador pode valer até 500 dólares. Víctor havia se tornado informante de uma organização da qual só conhecia seu contato.

Um dia, o contato liga para Farfán e diz: "Olha, meus chefes gostaram de você e querem que você faça um teste em um clube alemão". No entanto, Farfán, que na época ainda não tinha dezoito anos, diz que tudo bem, mas que já tem um representante, o peruano Raúl González, agente da FIFA com uma longa trajetória no país. Os chefes do contato, e também do Víctor, ligam diretamente para o representante de Farfán, que lhes propõe acertarem meio a meio sua transferência para a Alemanha. O contato liga de novo para Víctor: os chefes responderam que não trabalham por esses percentuais.

— Procure jogadores que não estejam amarrados. Ah, e não quero que vão para a Argentina, e sim para a Europa.

O Víctor passou mais de um ano percorrendo campos, observando times e assistindo a jogos nos 43 distritos de Lima em busca de alguém que fosse bom, e que também tivesse passaporte europeu. Não conseguiu nada. Mais de uma vez, ao perguntar a um parente de algum jogador menor de dezoito anos se o jovem tinha passaporte, a resposta era sempre a mesma: "O que é um passaporte?".

Preferiu então concentrar-se nos bons jogadores e esquecer-se da possível nacionalidade europeia. Cada vez que encontrava um, enviava os dados para a Argentina. E assim fez até que um dia seu contato lhe disse: "Você ganhou a minha confiança, então eu vou apresentá-lo aos chefes".

O contato o esperava no aeroporto de Buenos Aires. Eles entraram no carro e chegaram ao bairro da Recoleta. Caminharam pela área das embaixadas e das lojas de luxo e entraram em um edifício elegante; havia poucos desses em Lima. O apartamento, gigantesco, parecia saído de uma revista de decoração. O contato os apresenta. Víctor Zaferson cumprimenta os chefes da organização dedicada a levar talentos virgens para a Europa. São dois noruegueses. Um advogado e um economista. O economista havia estudado na Inglaterra. O advogado, na Espanha. Ambos falam espanhol.

— Um colega meu da pós-graduação era gerente de esportes do Watford, da Inglaterra — diz um dos chefes, para explicar sua iniciação no comércio de jogadores de futebol. — Foi ele quem me disse: "Consiga jogadores e nós os trazemos para cá". Outro colega era secretário de esportes de Valladolid; também me disse: "Traga jogadores latinos e nós os inserimos aqui". Tudo são relações.

O apartamento da Recoleta tinha dois andares. Os noruegueses vão passar quatro meses em Buenos Aires, quatro em Oslo e quatro em Madri.

— O primeiro contrato que fizemos foi por outro contato. Um amigo tinha um irmão de quinze anos que estava no Rosenborg, da Noruega. Eu o vejo e digo: "Olha, conheço gente na Inglaterra que quer recomendá-lo".

Dentro de duas semanas tinham ganhado 200 mil euros pela transferência. Era um bom negócio, mas rapidamente perceberam que a maioria dos times grandes estava dominada. Eles, então, focaram em jovens jogadores, sem contrato. E logo descobriram que a matéria-prima mais frutífera, rentável e barata estava em outro lugar. Por isso, eles instalaram-se em Buenos Aires.

A certa altura da conversa, dizem a Víctor que estão para vender um argentino para a Suíça. Dizem que poderiam ganhar cerca de 2 milhões de dólares pela transferência. Eles falam em fazer um contrato fixo. Víctor aceita, larga tudo, sabendo que uma das chaves do negócio é manter os contatos no anonimato. Não perguntar o nome de seus chefes, e nunca revelar a identidade do intermediário. Ele sabe que qualquer infiltração pode arruinar uma transferência.

5. O pai

A rua onde a família Méndez Khan mora fica em uma área tranquila do distrito de Puerto Libre, um bairro residencial de Lima com casas geminadas, grades e muito tijolinho à vista. Atrás do portão de uma das casas dá para ver aparelhos de exercício, homens musculosos que levantam pesos de 25 quilos e cartazes de suplementos para fisiculturistas. Um jovem levanta um haltere e observa o movimento de seus bíceps em um espelho, enquanto Shakira toca como música de fundo. O dono da academia se chama William Méndez, tem 47 anos e aparência jovial, usa um cabelo moderno e veste roupas esportivas. Sua casa fica bem acima da sala de ginástica.

Quando criança, William queria ser jogador de futebol. Um dia, quando tinha onze anos, apresentou-se às cinco da manhã para um teste no Alianza Lima. Esperou quatro horas para chegar sua vez. Estava nervoso, mas correria rápido, chutaria forte, dominaria a bola com astúcia e – tomara, por tudo o que sonhava – faria um gol, um golaço que seria aplaudido pelos mesmos treinadores que dariam a nota. No entanto, quando estava chegando a vez dele, chegou um dirigente do clube com seu filho e lhe tomou a vez. William sequer pôde fazer o teste. Mas a cena ficou gravada, com detalhes, e ele ainda se lembra dela com clareza.

Quando Kevin, seu primeiro filho, nasceu, William entendeu que a vida lhe oferecia uma oportunidade de revanche: ele não tivera um pai que o acompanhasse em seu sonho, mas para o seu filho isso nunca iria faltar. Desde que a criança aprendeu a andar, o pai começou a lhe dar bolas de futebol, chuteiras, camisas.

Kevin ia ser o que William não pôde ser.

O escritório de William fica no andar de cima da casa. É escuro, o chão range quando a gente pisa e está repleto de caixas de papelão com vitaminas para atletas. Comprimidos que ajudam a aguentar mais tempo nos aparelhos, que inibem o apetite e aceleram o desenvolvimento dos músculos. Entre as caixas, que William vende em diferentes academias de ginástica, há uma mesa e um computador branco.

— Kevin era esforçado, tinha qualidades. Aos sete ou oito anos já mostrava uma técnica muito boa ao jogar. Eu o havia colocado no Cantolao, mas também o fazia treinar paralelamente. Minha ideia era torná-lo um grande jogador.

Em fevereiro de 1996, como todo ano, acontecia a Copa da Amizade em Cantolao. Desta vez, entre as equipes participantes do campeonato infantil, uma vinha da Argentina: o Newell's Old Boys, da cidade de Rosário. William tinha ouvido falar que os times argentinos faziam um ótimo trabalho nas divisões de base, e queria aproveitar aquela experiência.

Como ocorre muitas vezes nos campeonatos da América Latina, não havia dinheiro suficiente para hotéis, por isso as famílias dos jogadores locais se ofereciam para hospedar os meninos visitantes. William se aproximou dos organizadores e disse que poderia hospedar dois, desde que um deles fosse o melhor de seu time. E o menino que ficou hospedado em sua casa, o melhor, se chamava Lio.

— Lionel mal falava, para não dizer que não falava nada. Perguntei como era a sua preparação, como treinavam e essas coisas. Quem me respondeu foi o outro, que veio com o Lionel, um magrinho comprido chamado Gonzalo: "Nós somos argentinos. Em todos os lugares que vamos, nós jogamos, ganhamos e vamos embora". Assim: "Nós jogamos, ganhamos e vamos embora".

— E ganharam o campeonato?

— Ganharam. É que o Messi era um monstro. Não tinha nenhum jeito de pará-lo.

Enquanto converso com William, aparece seu filho, Kevin Méndez. Vem com roupa de atleta, gel no cabelo e cumprimenta com a mão leve e a voz fina. Consegue dizer apenas algumas palavras quando o pai intervém:

— Conta para ele a história do frango, Kevin.

Kevin toma fôlego e, bastante consciente de que o pai está ali perto, ouvindo-o, observando-o e controlando-o, diz:

— Ah, um dia antes da semifinal do campeonato, levamos o Lio para comer frango, não me lembro bem o restaurante, mas era perto daqui. E a comida não lhe caiu bem, parece que pelos temperos, ele não estava acostumado. Então à noite ele começou a vomitar. No dia seguinte, o levamos normalmente ao campo, pois tínhamos que jogar contra eles, e o treinador disse: "Bom, vamos levá-lo para o hospital porque você não pode jogar assim. Você está quase desmaiando". Então ele disse: "Me dá um Gatorade que eu fico e jogo".

— Não, não! Fui eu que disse isso para ele! Eu que disse "deem um Gatorade para ele"!

— Isso, foi meu pai quem disse.

— Eu disse a ele para beber por causa dos sais minerais. E, no fim, ele acabou jogando e foi a estrela do jogo.

O Messi tinha sido intoxicado com um frango frito, a legítima comida peruana, além do ceviche e do chá. Frango frito, e muito bem frito, em um país onde o consumo anual de frango por pessoa é de 35 quilos e a indústria avícola movimenta 9 bilhões de dólares por ano. Algo semelhante ao valor em que está avaliado o FC Barcelona.

Apesar da dor de estômago causada pelo frango assado com pele e gordura, Messi entrou em campo com muita vontade. O jogo da semifinal da Copa da Amizade terminou com a vitória do Newell's sobre o Cantolao por 10 x 0. Messi marcou nove dos dez gols. Após a reunião, o menino de Rosário, que jogava pela primeira vez um campeonato fora da Argentina, trocou a camisa com Kevin. O filho de William desaparece alguns minutos do escritório e retorna com seu troféu: uma camisa vermelha e preta, tamanho infantil, com o número 10 nas costas.

Atualmente, Kevin Méndez tem 24 anos, mais ou menos como Messi, mas não parece. Ele tem o cabelo preto e a pele sem brilho, e é mais gordo que o jogador do Barcelona. Kevin estuda gastronomia, carreira da moda em um país cuja cozinha se transformou em símbolo nacional. Joga na liga amadora de Miraflores, um bairro rico de Lima, e não descarta tentar novamente o futebol profissional.

Passaram-se oito anos até que o vissem de novo.

O ano é 2004, e William e Kevin estão sentados em frente à TV, assistindo a um jogo do Barcelona. Em algum momento, o bandeirinha levanta a bandeira para indicar a substituição. O árbitro da partida autoriza a troca, um jogador do Barcelona sai e para substituí-lo entra um jovem garoto argentino, com o número 30 nas costas, chamado Messi.

— Quando ele esteve aqui, você percebeu que ele poderia chegar tão longe? — pergunto a Kevin.

— Dava para notar em sua atitude, o dia inteiro ele ficava com a bola. O dia todo.

O pai, William, interrompe:

— Não, ele não queria chegar a lugar algum. Ele jogava futebol. Não sei se ele pensava em se tornar o que é hoje, ele apenas jogava futebol. Eu não acho que ele se importava muito com o resto... Quer dizer, a questão financeira, a questão de chegar lá, não acho que ele pensava assim. O cara já era excepcional com o Newell's. Ele veio com essa idade, e jogava como você vê agora, não há nenhuma diferença. Nenhuma. Aí vem a pergunta que eu me faço: onde estão os trabalhos de base da Argentina, se não havia outro como ele?

William liga o computador para vermos um vídeo. Realmente o menino surpreendia: Messi aos nove anos, driblando metade do time adversário para fazer seus gols. Talvez em segredo Kevin sinta que não teve sorte. Cada gol de Messi, cada grito de seu pai, voltam a lembrá-lo o que seu pai sempre lhe disse: que ele também poderia ter chegado lá.

Eu digo a William que estou em busca de um jogador. Pergunto a ele se Kevin não chegou lá por sua própria atitude ou pela atitude dele, o pai.

— Olha, eu não sei. Eu pressionei o meu filho para jogar, e acho que foi um erro. Acho que hoje ele perdeu o que Lionel ainda tem. O Lionel era feliz jogando bola e ainda é até hoje. Há muitos que chegam lá e se esquecem de jogar. Por exemplo, você pode dizer um monte de coisas sobre o Maradona, mas eu acho que o cara gostava de jogar futebol com ou sem dinheiro.

6. O filho

Kevin Méndez não se esquece de dois momentos na sua vida de jogador mirim. Um deles é público: quando ele tinha nove anos e um menino baixinho que veio da Argentina ficou na sua casa e vomitou a noite toda, chamado Lionel Messi. O outro é particular: quando ele tinha dez anos de idade e seu pai, que sempre o pressionava para ganhar, parou de falar com ele por vários dias após sua equipe ter sido eliminada de um campeonato.

Quando William, o pai, sai de cena, pergunto a Kevin sobre o assunto. O filho fala mais à vontade.

— A pressão do meu pai me empurrava para baixo. Quando o meu pai não ia, eu jogava melhor. Quando o meu pai ia, eu jogava bem, mas olhando para a arquibancada.

Então ele se lembra desse segundo momento que marcou sua vida de menino jogador.

É meio-dia e se disputa uma partida importante em Cantolao. Os pais estão na lateral do campo, gritando pelos filhos. Os meninos correm atrás da bola esperando ser as estrelas do sonho futebolista, no qual triunfam, vão jogar bem longe, deixam o bairro pobre para trás.

O jogo foi duro, mas Kevin sabe que de qualquer forma não jogou bem. Quando o árbitro dá o apito final, o placar está empatado. A partida será decidida nos pênaltis. Todos correm em direção ao gol, gritos de encorajamento ficam mais fortes, a pressão aumenta.

Começam as cobranças. Kevin não quer cobrar o pênalti, mas do lado de fora seu pai grita: "Vai, Kevin!". Ninguém errou nenhuma cobrança. É o último chute. "Vai, Kevin!". Mas Kevin não quer chutar. Todos gritam, seus colegas se abraçaram depois de cada gol. De repente, a bola está rolando lentamente em direção a Kevin. Ele para a bola, para fazer um passe, para que outro jogador faça a última cobrança, mas o treinador diz: "Vai logo, garoto!".

Enquanto o árbitro soprava o apito, William gritava instruções. Kevin só queria correr.

Correu para a bola.

Correu pensando que não poderia errar.

Correu pelo seu pai que não pôde ser jogador de futebol.

Correu sabendo que tinha que fazer o gol, se quisesse chegar lá.

Correu sob uma pressão que nunca havia sentido.

Correu como se estivesse decolando.

Correu com medo, com vontade de chorar.

Correu com as pernas tremendo de angústia.

Correu e fechou os olhos e chutou a bola direto para o gol.

Mas sem força. A bola chegou devagar nas mãos do goleiro adversário. Os meninos jogadores do outro time se abraçaram, uns em cima dos outros, como em uma pirâmide humana, enquanto os pais aplaudiam a vitória. O pai de Kevin, porém, não falou com seu filho durante vários dias.

Kevin ainda acredita que um dia pode se tornar um jogador profissional. Como o pai nunca pôde ser.

7. O agente

Eu divido a mesa com um agente da FIFA, seu irmão e um amigo que me apresentara aos outros dois. Nós pedimos frutos do mar. O agente da FIFA não entende a reunião, mas gostou de ter sido convidado para comer frutos do mar.

— Estou escrevendo um livro sobre a compra de um jogador. Quero comprar um jogador mirim — explico.

— Olha, eu não sei se você realmente quer escrever um livro ou quer fazer negócios, mas lhe digo uma coisa difícil de entender: o futebol não é um negócio.

Ele diz isso enquanto saboreia uns ouriços e umas ostras. Ele está de terno cinza, gravata combinando e um relógio deslumbrante. Tem mais de sessenta anos e cabelos grisalhos. Estamos em um dos melhores restaurantes de frutos do mar de Santiago do Chile. Durante o nosso almoço, ele conta histórias. Mas sempre desconfiado, nunca se solta.

A FIFA tem cerca de 5 mil agentes autorizados que foram submetidos a testes, deram garantias e apresentaram documentos que as endossam. Precisam fazer cursos e ter um diploma universitário. O agente com quem almoço é engenheiro e está há muitas décadas nesse negócio. Ele conhece muitas histórias, como a que me conta agora sobre um jovem jogador que colocou no futebol holandês e acabou se tornando grande. "Mas grande apenas para o rum e o uísque", diz rindo. Passava metade do tempo contundido e a outra metade bêbado.

Digo a ele que andei dando uma olhada em alguns jogadores. E comento que um deles, um menino de onze anos, quer comprar comida e móveis para a família com o dinheiro de seu primeiro grande contrato.

— Todos estes garotos, como são de origem muito pobre, ficam encantados pelas mercadorias. Por comprar alimentos, sacos de açúcar, litros de óleo. Quando vêm de suas férias na Europa, montam verdadeiros supermercados para que não falte nada para suas famílias.

No mundo do futebol todo mundo se conhece. Embora, na realidade, devêssemos dizer que todos se desconhecem. A cada nome de empresário que menciono, o agente da FIFA me responde a mesma coisa. Esse é um sem-vergonha. Esse é um delinquente. Esse nem me fale o nome. Diz que lhe "roubaram" jogadores debaixo do seu nariz. Hoje, a maneira mais fácil de capturar um jogador de outro representante é dando presentes e esperando o final do contrato anual. Recorda que um lhe foi roubado com um videogame Nintendo Wii e outro com um carro dado de presente.

Se você quiser entrar neste negócio, deve saber que outros podem vir e levar seu jogador. E também deve saber que, finalmente, tenham eles sete, doze ou dezessete anos, são todos menores de idade. De acordo com a Convenção sobre os Direitos da Criança, a partir de 2 de setembro de 1990, menor de idade é "todo ser humano menor de dezoito anos de idade", a menos que, em virtude da lei que se aplique, tenha alcançado a maioridade antes.

O agente insiste que eu não posso atribuir a ele o que ele diz. Ele olha para mim e pergunta:

— E o que acontece se você se apegar à criança?

— É que eu quero vendê-lo antes de me apegar — respondo a ele, entendendo que a melhor maneira de ganhar dinheiro é comprar e vender o mais rápido possível.

— Você está preparado para que a família caia em cima de você?

— Hummm... na verdade, não.

— Quando a família cair em cima não lhe darão paz. Vão lhe pedir dinheiro pra tudo.

Quando chega a conta, ele olha para o relógio reluzente e faz menção de pegar o cartão de crédito. Depois agradece o convite e me deseja sorte na compra.

— Bem, então, resumindo: compro ou não compro? — pergunto a ele pela última vez.

Ele me estende a mão, faz uma careta, e diz em tom de conselheiro:

— Não lhe digo nem que sim nem que não. Digo que de maneira alguma.

8. As ligações

Volto para a Argentina pensando na caça ao jogador do futuro. Quando você sai do aeroporto de Nairobi, no Quênia, a primeira coisa que vê são os parques e animais, o pescoço das girafas nos anúncios de safáris. Quando você sai do aeroporto de Buenos Aires, a primeira coisa que vê são centros de treinamento destinados à exportação. Pergunto ao taxista como o país tem estado ultimamente e ele começa a me falar de futebol com emoção.

— Já que parece que você conhece os bastidores, estou à procura de jogadores mirins. Sabe de novos jogadores que não estão em nenhum clube? Estou à procura de um garoto para levá-lo à Espanha — falo diretamente, para ver se interrompo o monólogo.

Ele fica em silêncio por um segundo e diz:

— Você está no negócio do futebol?

— Estou à procura de meninos que não tenham mais que catorze anos e que possam ser levados para a Europa.

Em seguida, ele abaixa o volume do rádio, sem deixar de dirigir, se vira para mim e diz:

— Então... eu tenho um garotinho canhoto que você não tem ideia de como corre. É uma joia — e beija os dedos.

O resto do caminho ele fica me falando do talento do menino. "É um avião, é uma máquina, você tem que ver, é um craque." Ele repete e repete. Diz que ele é muito rápido, que é levinho, mas joga firme e tem ossos duros. Vão com tudo para cima dele, mas o moleque aguenta. Quando chegamos ao nosso destino, Aguero e Humahuaca, o taxista sai do carro, abre o porta-malas, pega uma bolsa de couro e tira um cartão do bolso da frente.

— Me liga. Aqui está o meu telefone e meu nome: Carlos Fernández F.

Nessa mesma semana, telefono para Luis Smurra, o agente que encontrei no avião para Lima, mas ele está em viagem no Paraguai e ficamos de nos reunir mais à frente. Falo também com o promotor, que está na Espanha, e a quem visitarei mais adiante, em Madri. Ele sabe cada uma das partes do meu plano, e garante que, se não houver nenhuma objeção, a transação pode render um bom dinheiro. Naturalmente, o promotor também está nervoso. A crise econômica da Espanha faz com que ele queira que tudo se resolva rapidamente, o mais breve possível. É por isso que eu vou lhe informando regularmente sobre o meu progresso.

Na semana seguinte, telefono para Carlos Fernández F., o taxista, e ele diz que em breve vai me mostrar o menino que corre, que é um fenômeno, que é um craque. Que ele já está falando com os pais. Mas que calculou mal, que não fez direito as contas, porque o garoto, que é muito rápido, já tem dezenove anos.

Ligo também para a Colômbia. Medellín e Cali, por dois projetos que podem acabar dando certo.

Poucos dias depois, falo pela primeira vez com Guillermo Coppola, o empresário mais famoso da América Latina, o ex-representante de Diego Armando Maradona nos seus tempos de glória, o sujeito que fez representações de jogadores regadas a festas, champanhe e mulheres. Coppola combina um encontro comigo em seu apartamento para os próximos dias.

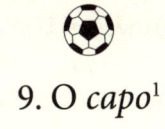

9. O *capo*[1]

Faz sol em Medellín, uma cidade cercada por colinas verdes, com casas de tijolo aparente e mulheres com fama de serem as mais bonitas do país. Aqui se construiu a lenda de Pablo Escobar Gaviria, o traficante de drogas que se tornou senador, o homem que matou milhares de pessoas, mas também construiu bairros e distribuiu rios de dinheiro aos pobres, que construiu poços e campos de futebol, o sétimo empresário mais rico do mundo em 1989 segundo a revista *Forbes*, o patrono poderoso que se reunia com políticos e homens de negócio, árbitros e jogadores, e que tinha uma fraqueza pelas rainhas da beleza, o colecionador de carros e animais que, quando criança, tinha apenas um sonho: ser um jogador de futebol.

Cada dia que passo aqui, repito a mesma pergunta: "As pessoas ficaram felizes ou tristes com a morte dele?". As respostas são divididas. Houve um pouco de alívio, mas também houve tristeza.

Vim até Medellin por uma história de futebol. Em 1989, a cidade teve um dos melhores times da história do continente: o Atlético Nacional, dirigido por Francisco "Pacho" Maturana, com Andrés Escobar como capitão e René Higuita no gol. E o

---

[1] Termo original do italiano, que significa "o melhor de todos" ou "o mais importante". Na Espanha, é usado para designar o chefe de uma organização criminosa, especialmente a máfia e o tráfico de drogas. (N.T.)

Nacional acabou sendo o primeiro time colombiano a ganhar a Copa Libertadores da América. Um dos grandes benfeitores do clube que alcançou o topo era um sujeito de bigode nascido em Rionegro, filho do agricultor Abel e da professora Hermilda, apelidado de *"el Patrón"* ou *"el Señor"*, e também chamado de "o Czar da Cocaína".

Há uma fotografia de Pablo Escobar saindo de um avião com a Taça Libertadores nas mãos. E várias imagens suas na arquibancada do estádio El Campín de Bogotá, feitas durante a final do torneio mais importante do continente. O traficante de drogas mais famoso da História havia começado a injetar dinheiro nas equipes no início da década de 1980, e assim foi enchendo o futebol colombiano de dinheiro de coca. Naquela época, jogos eram comprados, árbitros eram assassinados e jogadores eram extorquidos para atingir o mesmo objetivo de sempre: ganhar uma partida de futebol. Ao mesmo tempo, Pablo Escobar forjava a primeira grande empresa multinacional dedicada ao transporte e comércio da cocaína: o cartel de Medellín.

Mas não se tratava de um mafioso qualquer. No auge de seu poder, Pablo Escobar distribuía casas para as famílias sem teto. Não só colocou dinheiro em times de futebol profissional, como também proporcionou a construção de mais de cinquenta campos nos bairros mais pobres da cidade.

Rapidamente ficou conhecido como o Robin Hood da Colômbia. O filho de Hermilda sabia de cor o que as regiões marginais necessitavam: futebol e moradia. Dinheiro.

No documentário *The Two Escobars*, de Jeff e Michael Zimbalist, Jhon Jairo Velásquez Vásquez, o "Popeye", chefe de pistoleiros e homem de confiança de Pablo Escobar, conta que "Pablo Escobar pensava em matar, mas o futebol era a sua paixão, seu placebo, seu momento de relaxamento. Na dinâmica da guerra havia um descanso, e se era possível assistir a um jogo, assistiam".

Popeye recorda uma fuga. A Polícia de Magdalena Medio os

tinha cercado. Estavam caminhando há 15 dias, e quando finalmente conseguiram despistar os perseguidores, só restavam Popeye e Escobar Gaviria. Eles entraram em um vale. *El Patrón* tinha um pequeno rádio de pilha e se pôs a escutar uma partida de futebol. Nada o relaxava e tranquilizava mais que isso. Popeye, por sua vez, tremia de medo que os descobrissem. Nisso, *el Patrón* começou a dizer seu nome "Pope, Pope". E Pope pensou que tinham sido pegos, que o confronto havia começado, o tiroteio, o fim da fuga e o fim de tudo. Então puxou o pino de sua metralhadora DP-5, colocou o dedo no gatilho e perguntou:

— O que está acontecendo, *Patrón*?

— A Colômbia fez um gol!

E Jaime Gaviria, primo-irmão de Pablo Escobar, confirma: "Percorríamos bairro por bairro iluminando campos de futebol em Medellín. Os melhores jogadores do país eram de classe baixa. Foi naqueles campos dos bairros pobres de Medellín que se formaram Alexis García, Chicho Serna, René Higuita, Leonel Álvarez. Daí nasce a relação de amizade que Pablo tinha com muitos deles, que conhecia desde que eram meninos jogadores de futebol".

A cocaína sempre foi um bom negócio, tão grande quanto o futebol. A cada ano movimenta 92 bilhões de dólares, ou seja, cerca de 500 vezes o valor de Lionel Messi, de acordo com a última estimativa que o Barcelona fez do jogador. Cinquenta times inteiros com dez jogadores como Messi e mais um goleiro. Dois campeonatos inteiros de 25 equipes, mas que tivessem apenas o jogador mais caro do mundo em toda e cada uma das posições.

A cocaína, como o futebol, também foi sempre uma marca da América Latina. A América Latina é a região do planeta com maior aumento no consumo: mais de 2 milhões de pessoas agora a consomem regularmente. E como ocorre no negócio de jogadores mirins, com seu comércio pode-se obter grandes lucros. Um quilo de cocaína comprada na Colômbia não chega a 2 mil dólares, mas nos Estados Unidos pode ser vendido por 30 mil. Pablo Escobar foi o primeiro a perceber a dimensão global desse comércio.

Mas hoje não é fácil visitar o bairro de Pablo Escobar de Medellín. A maioria dos taxistas prefere não levá-lo até lá e no hotel recomendam que visite outras áreas. O bairro está cheio de crianças; elas aparecem por todos os lados, sobem e descem escadas e gritam enquanto brincam, e muitas delas usam camisas de times de futebol: do Barcelona, da Inter, do Boca Juniors, da seleção da Colômbia. Há mulheres que passam carregando as compras: pão, açúcar, farinha, e talvez velas para acender para o Santo Niño de Atocha ou, é claro, para Pablo Escobar. Aos dois costumam-se encomendar favores, pedir milagres, ajuda.

O bairro foi inaugurado em 1984 com 443 casas, todas doadas por *el Patrón* aos sem-teto. Hoje, existem mais de 3 mil casas, e o bairro promete continuar crescendo.

— Eu quero ser um jogador de futebol quando crescer — diz Alejandro Rico, um mulato magrinho, com os joelhos esfolados e um sorriso de dentes enormes. Logo vai fazer doze anos. Usa calção de jogador, uma camisa azul com um 8 nas costas e tênis Nike que um dia foram brancos.

— Você está jogando em algum time daqui?

— Eu jogo na minha escola e neste campo — diz ele, apontando para um pequeno terreno retangular com grades onde há um par de traves e com energia elétrica dos tempos de Escobar.

Nesse campinho, uma dúzia de garotos joga bola. Uns vestem shorts, de jogador de futebol, e outros calça jeans larga, de gângster. Há aqueles de camisas grandes, de algum time de futebol, e os que mostram o torso sem pelos. Há aqueles que usam o cabelo estilo *reggaeton* e usam gel e gargantilhas, e os de cabelo comprido e solto e com faixas nos pulsos. Todos disputando uma única bola, perseguindo-a pelo campo no meio desse bairro que *el Patrón* concebeu e construiu.

Entre as poucas pessoas que assistem ao jogo está Silvia, a avó de Alejandro Rico. Ela já tem sessenta anos, mas aparenta ter cinquenta; tem poucos fios brancos no cabelo preto elétrico e, nos braços longos, poucas cicatrizes. Sua família foi uma das primeiras a vir morar aqui.

Silvia passa o dia assistindo ao neto jogar futebol, vendo novelas e fazendo algumas compras no mercado. Aos domingos, percorre cinco quarteirões de subidas e descidas para assistir à missa na paróquia de São Simão, uma pequena igreja que ficou fechada durante vários anos porque a congregação suspeitava que havia sido construída com dinheiro do tráfico de drogas. E, de fato, Pablo Escobar foi quem a construíra pensando que sua mãe ficaria feliz.

Alejandro é o melhor jogador do time. Ele tem velocidade, bom chute, marca em cima e embaixo e supera os colegas e rivais com a habilidade de um batedor de carteiras. É um mulato comprido e veloz, poderia fazer sucesso na Europa, mas sua avó não quer que ele saia daqui, do bairro, da cidade, da Colômbia. Por nada neste mundo.

Passa um caminhão com o alto-falante anunciando o preço das verduras. Na esquina, vira um carro em que se escuta Willie Colón. Lá embaixo é o centro de Medellín.

10. A Federação

Supõe-se que foi um encontro decisivo para o futuro do futebol e as transferências de menores. Era junho de 2009, e o presidente da FIFA, Joseph Blatter, participou do congresso extraordinário e da reunião de presidentes das associações e membros do Comitê Executivo da Conmebol. Todos os diretores haviam chegado a Nassau, capital administrativa e econômica das Bahamas, um ou dois dias antes do encontro. Lá estavam eles, prontos para decidir o futuro do esporte, escondidos em um lugar onde pouco se sabe sobre ele. A liga de futebol das Bahamas tem apenas oito equipes, e seu melhor *ranking* na FIFA foi a 146ª posição em 2006. A pior tinha sido um ano antes, quando ficou em 193º.

A FIFA reúne 209 associações ou federações de futebol. E em 2009, durante aquele encontro, sua alta cúpula e toda a parte administrativa pareciam querer se esconder; o presidente da Federação estava comprometido com a proteção dos clubes latino-americanos em relação às constantes transferências de jogadores menores de idade para a Europa.

Aqueles que assistiram a essas convenções da FIFA dizem que durante os dias do encontro há muito desperdício, muito luxo, que ninguém se preocupa com os custos, que a ostentação de poder é constante. Mas daquela vez foi um pouco diferente. Em plena convenção, Joseph Blatter havia anunciado a todos os membros sua "obrigação moral de defender os meninos de treze ou catorze anos que vinham do Brasil, Argentina e outros países; evitar que os potenciais jogadores fossem arrancados de seus países".

Mas o que aconteceu nas Bahamas não se deu por acaso.

Poucos meses antes do evento em Nassau, o então presidente do Brasil, Luiz Inácio Lula da Silva, havia solicitado pessoalmente a Joseph Blatter a intervenção da FIFA contra a transferência de meninos brasileiros para países europeus.

Na convenção de Nassau, esboçaram-se portanto as primeiras linhas de um instrumento que, no ano seguinte, tornaria-se oficial: o Sistema de Correlação de Transferências (*Transfer Matching System* ou TMS), que registra eletronicamente os dados dos jogadores para evitar fraudes nas transações financeiras ou transferências de menores. O TMS, lançado em outubro de 2010, é responsável por acompanhar detalhadamente o histórico de cada jogador mirim. Isso permite o cálculo de uma compensação retroativa para os clubes que formaram jogadores jovens que passaram a jogar em um clube maior, geralmente europeu.

Com este novo sistema, anunciado entre piscinas espetaculares e um mar esmeralda que deságua em praias de uma areia que parece farinha, evitaria-se o truque que consiste em justificar a transferência dos jovens talentos de clubes da América Latina sob o pretexto de uma mudança de residência dos seus representantes por motivos de trabalho. Desta maneira, também se pretendia regular as transações com jogadores cuja verdadeira idade é desconhecida e evitar as disputas entre os clubes a respeito dos direitos sobre um jogador de futebol.

Depois de alguns meses do anúncio oficial deste novo sistema, que procurava acabar com a compra e venda de menores entre um continente e outro, o Real Madrid apresentava em uma coletiva de imprensa sua mais nova contratação: Leonel Ángel Coira, um garoto argentino de sete anos de idade.

11. O treino

— Sim, eu sou o pai do Edwin. Jairo, a seu dispor — diz e estende a mão para mim de seu assento, uma cadeira de plástico vermelha colocada na lateral do campo.

O jogo-treino na Escuela Sarmiento Lora, que tem sede em Cali, é duro. Os jogadores têm menos de treze anos, mas pegam pesado, batem e se empurram como se fosse uma final de campeonato. Jairo acaba de marcar um gol de fora da área depois de driblar três adversários. Alguém me avisa, entre aplausos e vivas, que o senhor de bigode e boné de beisebol é o pai do artilheiro.

É um dia de semana e são quatro da tarde. A escola está localizada na área de Juanchito, a cerca de 30 minutos de carro do centro de Cali.

— Eu tenho dois filhos jogando, mas o Edwin é quem tem mais futuro — diz Jairo, que acompanha o treino junto com outros dois pais de promessas do futebol de Cali.

— Acha que ele consegue?

— Claro! Ele vai conseguir!

No mundo das promessas do futebol, os meninos *chegam lá* ou *não chegam*, como se o estrelato fosse uma estação de trem. Alguns chegam ao destino e outros ficam pelo caminho, falham, se perdem e saem da linha.

Jairo tem 52 anos e diz que está envolvido no negócio. É um trabalho independente, cujos detalhes ele não revela, mas que lhe permite passar tardes inteiras assistindo ao treino dos meninos. Embora, é claro, não passe o tempo todo olhando. Ele também fala com o treinador, com o médico do clube, com os dirigentes, com os encarregados de levá-los para a próxima turnê. Tenta manter-se a par de todos os detalhes relacionados com as viagens de seu filho. Empenha-se em evitar todos os riscos que impeçam que, em algum momento — esperamos que em breve — o seu filho chegue lá.

— Como você descreveria o jogo do seu filho?

— É rápido, muito rápido, e tem um chute forte. Ele sabe jogar, olha bem o campo e tem muita sede de vencer. Vive pensando na bola, adora assistir a partidas de futebol e sonha em fazer muito sucesso. Se ele se empenhar, poderia chegar à Europa.

— Se eu quiser comprá-lo, tenho que falar com você?

— Bom, temos que ver isso.

— Tenho que falar com o clube?

— Não, não, comigo. O menino é meu. Mas temos de ver as possibilidades, onde ele jogaria, que crescimento ele pode ter como jogador.

— E se eu disser que quero levá-lo para a Europa, que eu posso colocá-lo em um time da Espanha ou da Itália, por quanto você poderia me vender?

— Eu teria que ver, teria que falar com mais pessoas.

— Não quer me dar um valor?

— Vamos ver... Preciso saber para onde você quer levá-lo. O que você vai fazer com ele.

— Estou escrevendo um livro. Mas estou à procura de um bom jogador mirim latino-americano. Eu quero comprá-lo para vendê-lo na Europa.

— Bom, me faça uma oferta.

Em um campo vizinho, os meninos de outra categoria fazem corridas e abdominais e saltam obstáculos. A partir dos cinco anos, a maioria está disposta a treinar duro. Antes dos dez anos, uma criança bem treinada já pode aumentar a musculatura das pernas e a potência do salto, a capacidade cardiovascular, a velocidade de reação e a coordenação motora, a densidade óssea do fêmur e os níveis de testosterona, e ainda desenvolver a visão periférica.

Na Escola de Formação Sarmiento Lora os treinos começam às 14h30. Na entrada da escola, em um prédio de árvores grandes e muito verde, você é recebido por dois soldados, cada um com um fuzil. Apesar de que isso, mais que assustar, parece seguir a lógica da paisagem em que se cultivam as estrelas do futebol colombiano. O coordenador do clube se chama Rigoberto Vélez, um sujeito que cumprimenta com vigor e se veste de verde e branco, as cores do clube. Não é preciso fazer nenhuma pergunta para que, de cara, ele diga que desta escola saíram os melhores jogadores da história da região: Faustino "el Tino" Asprilla, Miguel Calero, Mario Alberto Yepes, Farid Mondragón. Mas Vélez não aceita que o façam por dinheiro.

— Olha, amigo, aqui as coisas são claras: não queremos fazer negócio com os meninos. Atualmente, temos mais de 400 jogadores que têm entre oito e vinte anos filiados à Liga Vallecaucana. Queremos que todos tenham sucesso, mas isso não é um negócio.

— Segundo sua experiência, o que um garoto jogador deve ter para fazer sucesso?

— Em primeiro lugar, ser responsável, um bom ser humano...

— E em termos práticos, no aspecto físico?

— Ser forte, ter boa musculatura, estar bem alimentado, subir e descer com a mesma garra. E disciplina. Muita disciplina.

Embora esta escola de Cali se orgulhe de ser a maior fábrica de craques do futebol, não muito longe daqui, em Tumaco, município colombiano do distrito de Nariño, as estrelas do futebol são exibidas com o mesmo orgulho. O cronista colombiano Alberto Salcedo Ramos escreveu para a revista *SoHo* um artigo intitulado "Viagem à despensa do futebol", que narra uma viagem a Tumaco. Nele podemos ler:

Os conhecedores de Tumaco consideram Secundino como a próxima glória que o seu povo vai dar ao futebol colombiano. Segundo eles, o menino é herdeiro dos dons que tornaram famosos alguns de seus compatriotas: o passe explosivo do "Tigre" Castillo, a intuição goleadora de Eladio Vásquez, a mágica de "la Gambeta" Estrada, o chute mortal de Léider Preciado, a genialidade de Willington Ortiz.

De repente, a brisa do mar agita o fogo. Os bailarinos ficam envoltos em um turbilhão de fumaça que fere os olhos. Gritam, levantam terra com os pés. O ar é agora um amontoado de vela e confusão. Informo meu guia, o professor Clemente Cuéllar, que quero ver Secundino jogando futebol, para comprovar se ele é tão bom como todos dizem.

— Não está vendo como ele dança? — me responde Cuéllar com uma cara sarcástica.

Dançar.

Se você dança bem, joga bem. Isso é o que Cuéllar sentencia. Que o menino saiba dançar é outro bom dado.

— E como o Edwin dança? — pergunto a Jairo, pai dele.

— Como ele dança? Bom, ele é uma criança... eu nunca o vi dançar. Mas em campo ele dá um baile em todos.

Edwin é tímido. Ele ri nervosamente. Tem olhos grandes, dentes pequenos e unhas longas. Em comparação com seus colegas, é pequeno, e o tempo todo fica dando pulinhos, como pré-aquecimento, talvez porque saiba que aqui não há tempo a perder, que depois dos dezoito anos de idade já se é considerado velho.

— Eu quero ser um jogador de futebol. Isso é o que eu quero ser.

— E o que você gostaria de fazer com o seu primeiro salário?

— Gostaria de comprar uma casa para a minha mãe. Eu gostaria muito.

Antes de eu ir embora, o pai do Edwin me dá o telefone do gerente do clube. Ele me diz que se eu tiver uma oferta concreta, posso falar com ele.

Com o número de telefone na minha agenda, volto ao centro da cidade de Cali. Como todos os dias do ano, faz calor na cidade. O trajeto de 30 minutos serve para comprovar que os problemas de trânsito, o barulho dos carros e a propaganda com jogadores representam algo semelhante a qualquer cidade importante da América Latina. Uma das canções de salsa mais famosas da Colômbia diz que "as mulheres de Cali são como flores", e isso se comprova facilmente no percurso. Flores sensuais que balançam pelas ruas a qualquer hora do dia.

Também podemos comprovar rapidamente a herança dos anos dourados do cartel de Cali, cujas gigantescas mansões jazem abandonadas em diferentes partes da cidade. A esse tempo de violência também se remonta uma das melhores recordações de futebol dos habitantes de Cali. Se o Nacional ganhou a Taça Libertadores durante o *boom* do cartel de Medellín, o América dos irmãos Rodríguez Orejuela havia sido o primeiro time do país a chegar na final três vezes consecutivas. Perderam as três finais, mas elas continuam sendo uma das maiores conquistas esportivas na história do clube.

Para os torcedores fanáticos da cidade, os primeiros dias de dezembro de 2007 foram estranhos. Mesmo a crença popular sempre associando a coca aos melhores momentos do América de Cali, algo aconteceu naqueles dias que acabou por confirmar todas as suspeitas. Fernando Rodríguez Mondragón, filho de um dos barões do tráfico de drogas, declarou à Rádio Caracol que o cartel de Cali aportara 300 mil dólares para pagar parte do contrato do técnico argentino Carlos Bilardo, que no final dos anos 70 havia dirigido o clube Deportivo Cali e, no início da década de 80, a seleção colombiana, que buscava a qualificação para a Copa do Mundo de 1982, na Espanha.

Mas as declarações de Rodríguez Mondragón não paravam por aí. Segundo ele, no final dos anos 70, quando Maradona já despontava como a nova grande promessa do futebol latino-americano, os traficantes de drogas colombianos haviam oferecido a Diego Armando 3 milhões de dólares por um contrato de seis meses. E Rodríguez Mondragón também reconheceu que o cartel de Cali havia subornado a seleção peruana para ajudar a Argentina a avançar e posteriormente vencer a Copa do Mundo de 1978.

12. O representante

— Bem-vindo à minha casa! — diz Guillermo Coppola assim que abre a porta do pequeno elevador. O apartamento é espaçoso e está decorado de acordo com as revistas de decoração dos anos 90. Ocupa todo o décimo andar de um prédio da avenida Libertador, a mais cara de Buenos Aires, e pelas janelas se pode ver o Rio da Prata e as luzes de alguns barcos que navegam à noite.

Guillermo Coppola ficou conhecido quando era o representante de Maradona, a quem acompanhou nos pontos mais altos de sua carreira e também em seus piores dias; esteve em Cuba por quatro anos com Diego, enquanto o ex-jogador permanecia internado para fazer um tratamento contra a dependência de drogas. Ele diz que não tem nada a esconder, e diz isso com os braços estendidos, como quem fica depois de passar pelo detector de metais do aeroporto.

Ele mostra sua casa, onde há diversas fotos com molduras de prata, poltronas de couro e tapetes de vaca. Ele me mostra o seu famoso vaso, onde supostamente escondia drogas e motivo pelo qual passou um tempo na prisão, quando ainda era representante do jogador mais midiático da História.

Antes de vir, eu havia dito a ele que queria comprar um jogador, que já estou de olho em alguns e queria aprender com a sua experiência no trato com jogadores e na negociação de contratos. Ele parece feliz. Anda com um celular em cada mão e o da mão direita é vermelho. Em vez de falar, ele grita. Mostra uma foto de sua filha mais nova, a de quatro anos, que teve com sua última mulher. Sua nova esposa, conta risonho, é mais jovem que sua filha mais velha.

Nós nos acomodamos em uma sala iluminada; parece um estúdio de TV. Ele me diz que estamos em local seguro, que podemos falar de tudo, que o negócio do futebol é magnífico, que ele já trabalhou com o maior de todos, Maradona, mas que gosta de ajudar e assessorar os novatos. Enquanto fala, move os braços e os dedos de maneira exagerada, como um mau ator. Tudo em seu discurso é grandiloquente, mesmo que só esteja se referindo ao clima de Buenos Aires ou ao paletó que não pôde ir buscar na tinturaria. Mas basta que eu lhe pergunte se ele se considera gerente, agente, representante, para que eu me transforme no único espectador de seu monólogo de quinta-feira à tarde-noite:

— Você viu o meu filme? Começa assim: se você quer saber quem inventou a profissão de advogado, irão surpreendê-lo e dirão que terá de ir a Roma. E a profissão de representante? Por aí vão dizer: Coppola. Sua Majestade, obrigado, me dizem. Por ter divulgado, não inventado, a profissão. Eu tenho um livro publicado e também fizeram um filme sobre a minha vida: *El representante de D10S*.[1] As pessoas me cumprimentam na rua com muito carinho. Eu acho que no mundo do futebol há muitos representantes conhecidos. Por exemplo, Jorge Mendes, o cara que conduz a carreira do Cristiano Ronaldo, do Mourinho... Mas o rosto dele não é conhecido. Eu nunca o vi. Por quê? O que quero dizer é o seguinte: é impossível estar ao lado do Diego e passar despercebido. É preciso ter essa sorte de não passar despercebido, e eu tive. Eu estava com o maior, e todos nos queriam na foto. E digo mais: antes de estar com o Diego eu já era conhecido. Eu conduzia 200 jogadores. Depois veio o Diego e me deu projeção internacional. Ele colocou o

---

[1] "O representante de Deus"; alusão à camisa 10 usada por Diego Maradona. (N.T.)

mundo aos meus pés. E com isso, as festas, as mulheres, o *glamour*. Mas existe muito de fantasia sobre a relação entre um representante e um jogador. Eu tive o maior de todos. E cada vez que me apontavam pelas drogas, cada vez que queriam me importunar por alguma coisa, o Diego sempre teve a coragem de dizer: "Eu comecei com as drogas em 1983, e comecei a trabalhar com o Guillermo no final de 1985, portanto não me venham falar do Guillermo". Ele foi me visitar na prisão muitas vezes. Ele entrou em uma cadeia em um 31 de dezembro para ficar comigo no ano novo. Estou sendo claro? Eu nunca fui à procura de um jogador, e tive 200. Nem do Maradona eu fui atrás. O Maradona veio duas vezes atrás de mim. E eu disse ao Diego: "O Jorge [Cysterpiller] está trabalhando com você". Eu tinha todo o futebol, eu tinha todos, menos o Diego. E tudo o que o Diego me exigia era exclusividade. Ele me queria só para ele. E aqueles que disseram "Vai, Guillermo, agarra essa", foram os jogadores que eu tinha. E então começamos a trabalhar juntos; eu larguei os outros jogadores e fique só com o Maradona. Na época não se costumava atuar com exclusividade, mas era um caso excepcional. Depois do Diego eu não representei mais. Eu tinha chegado ao topo. Eu não me aposentei do futebol. Estou trabalhando em uma empresa de marketing esportivo, mas nunca mais tive outro jogador. Com qualquer um que eu fosse trabalhar, seria me rebaixar. Eu acho que a nossa relação foi um grande amor. E isso é como um divórcio de grandes casais, que sempre fica alguma coisa. Falou-se muito, mas não tinha acontecido nada de ruim. Assinatura falsa, falsificação de coisas... inventaram de tudo. Não foi ele que me denunciou para a justiça, fui eu mesmo! Eu me autodenunciei. Eu disse: "O Diego tem dúvidas, me investiguem". E assim começou o caso. E assim chegamos ao juiz. E nos vimos perante o juiz, e quando eu vou dar a mão para o Diego, ele me diz: "Você vai me dar a mão?". E então eu lhe dei um beijo, e assim o caso estava terminado.

É difícil interromper Guillermo Coppola.

Às vezes, ele fica olhando pela janela, talvez algum barco atravessando o Rio da Prata. E olhando para o infinito diz que hoje em dia "a questão dos meninos é terrível", e que os pais estão à procura de representantes quando as crianças são muito pequenas. Para ele parece uma loucura, e coloca as mãos sobre a cabeça calva com espuma para cabelo branco.

— Eu estou comprando um garoto, um jogador que não tem nem doze anos, e quero alguns conselhos, Guillermo. Por exemplo, como devo administrar o relacionamento com a família?

— Bem, é preciso sempre dar espaço para a família. Eu sempre tive as portas abertas, inclusive com o Diego. Foi a minha política, e é a minha política. O senhor Diego e a dona Tota eram boas pessoas, mas existem pais mais complicados. E hoje os pais se metem mais do que antes.

— E que tipo de relacionamento eu devo ter com o técnico?

— O técnico é o técnico. Cuidado com isso. Muitos dizem que você tem que pagar para que eles joguem. Mas não, não; não, querido. Se você tem que pagar para ele jogar, então significa que ele não tem condições.

— Há quem diga que o importante é colocá-lo bem dentro do grupo, para se dar bem com os líderes da equipe. Isso é parte da operação, Guillermo?

— Isso sim. Mas há também a malícia do menino, da sugestão que você dá a ele. Você tem que dizer a ele: "Preste atenção com quem você fala, com quem você brinca". Depende muito da personalidade, e da orientação que você der ao menino. Você tem que dizer a ele que deve dar tudo de si, trabalhando, ouvindo as instruções dadas pelo técnico, jogando e fazendo o que o treinador pedir, assim, se tiver condições, irá jogar. Outra coisa: "você me consegue um teste no Boca?", alguém vem pedir. Sim, eu consigo para você. Bem, sem problema. Pego o telefone e em cinco minutos consigo o teste para você. No Boca, no River, onde você quiser que o garoto faça teste. Mas no campo quem vai é o garoto. E é onde ele tem que provar o seu valor.

— Você consegue fácil esses testes?

— Consigo. Você quer que o seu garoto faça teste no Boca? Vamos fazer isso, sem problema. Você já tem os meus dados, me manda um e-mail e fechamos.

— Dando seguimento à compra do menino. O que eu faço com a imprensa? Seu conselho é conseguir resenhas que o destaquem na imprensa para que suba seu valor? Fala-se muito sobre isso.

— Essas coisas sempre ajudam. Se você conhece um jornalista de jornal esportivo, peça para ele fazer uma nota e depois lhe faça um agrado. Mas se o menino tiver condições, você não precisar fazer nada. Tudo ajuda, mas se ele não tiver condições, não chega lá. O menino que for bom chega lá de qualquer forma.

Na época de ouro da fotografia, há 100 anos, o crítico alemão Walter Benjamin disse que o analfabeto do futuro não seria quem não conhecesse as letras, mas sim quem ignorasse a fotografia. Agora, um século depois, diriam que o analfabeto do futuro será aquele que não assimilou como os negócios do futebol funcionam. Nisso, o Coppola é um filósofo.

Coppola conta que sempre gostou da noite e de festas. Quando fala de noite e festas, abre os braços e acrescenta outras palavras: mulheres, champanhe, amigos, códigos.

Entre todas as grandes festas das quais participou pelo futebol, reconhece uma como a maior, o ápice. Não é que nesse dia ele tenha tocado o céu: ele esteve lá.

— Foi em Montecarlo. Imagina! Ranier, Caroline e Stephanie de Mônaco, Catherine Deneuve. Todos na mesma festa. Não sabia para onde olhar! Peguei Catherine Deneuve e me apaixonei. Estou falando de 1988 em Mônaco. Chegamos com o Diego, e o Diego era o máximo. Aonde eu ia com ele as pessoas caíam para trás. É por isso que eu sou tão grato ao Diego. Eram outros tempos. Outro mundo. Outro futebol. Hoje, aos catorze anos todos os garotos têm representantes. É uma coisa incrível. No meu tempo era diferente. Eu pegava de reserva e de primeira. Não havia essa caça que é agora. Mas o mercado mundial e a globalização permitem isso. Ou seja, se você não pegar o menino, outro vem e o leva primeiro. Então, está bem o que fazem. Se você não o fizer, eles o tiram de você e tchau.

— Como Guillermo Coppola, como representante de "Deus", o que você recomenda que eu incentive no menino que vou comprar, para que ele faça sucesso e me renda um bom negócio?

— Caráter. Coloque isso na cabeça dele, certo? Coloque isso na cabeça dele. A fé. A atitude. Mas atitude em geral, na vida! Se ele não for bem no futebol, que siga na vida! Que tenha atitude, e que encare as coisas com essa atitude. Que encare sempre. Por exemplo, mulheres, para levá-lo a outro âmbito. Deve ter atitude. Predisposição. Isso é fundamental em um jogador. Para o seu garoto... eu diria que trabalhe. Ele tem doze anos... Que se divirta. Que aprenda. Que treine. Um bom treinamento, velocidade, boa alimentação, que jogue. Mas sempre com atitude. Sempre em frente, aconteça o que acontecer.

13. A televisão

Os jogadores mirins tiveram seu primeiro *reality show* em 2002 em Buenos Aires. Sair da pobreza jogando bola, arrastar na subida toda a família e os amigos do bairro, ter sucesso em um time da liga europeia e tornar-se ídolo mundial era um assunto muito atraente para resistir à realidade televisiva. E essa era a ideia do programa. Tratava-se de selecionar, entre os garotos candidatos, o jogador mais promissor para que depois o vencedor desse um grande salto: tornar-se estrela do Real Madrid.

O gancho era especialmente tentador para um país em plena crise política e econômica, essa Argentina que teve cinco presidentes em poucas semanas e onde começavam a entrar na moda expressões como "sequestro relâmpago", "saidinha de banco" e *"motochorros"*,[1] todas relacionadas a crimes cujo objetivo era obter dinheiro rápido e em espécie. *Cash*.

No dia da seleção dos participantes para o programa, a avenida Libertador e a rua Dorrego, no bairro de Palermo, foram fechadas por pais com garotos jogadores. A fila de competidores ocupava mais de oito quadras. Algumas famílias passaram a madrugada esperando para inscrever os meninos. Havia mais de 12 mil candidatos, e o Campo Argentino de Polo quase fica pequeno.

---

[1] Neologismos usados na Argentina para assaltos cometidos na saída dos bancos e por motoqueiros. A palavra "motochorros" é uma junção de "moto" e "chorro" (ladrão). (N.T.)

"Dentre todos vocês – disse Mario Pergolini, apresentador do programa e proprietário da Cuatro Cabezas, produtora responsável pelo projeto – sairá o craque do futuro". O Canal 13 transmitia o programa ao vivo para todo o país. O apresentador andava pelo campo, entre jogadores de catorze a dezenove anos querendo alcançar o sucesso e deixar o bairro e assinar contratos e estrelar campanhas de publicidade e, por que não, ter um carro e uma namorada modelo, e dar entrevistas e ir a festas e triunfar e levantar taças e fazer gols e mais gols e um monte de gols com a camisa do clube e a camisa da Argentina e uma Copa do Mundo e a volta olímpica e voltar para casa como heróis e do aeroporto de Ezeiza, de onde custa sair porque há muitos carros e muitas caminhonetes e muitos ônibus cheios de pessoas e muitas bandeiras e muitas mãos ao alto que querem tocar os campeões e que querem tocá-lo, e continuar e passar pelo Obelisco e as pessoas nos escritórios levantando as mãos e eles tocando o céu sem ter de levantar a mão porque isto já é tocar o céu e a Casa Rosada e a varanda e na praça o país e a glória e tudo o que vem e tudo o que teve de acontecer e a velha e minha mãe que me levava para treinar e sair da pobreza e meu velho que está no céu e meu velho que sempre acreditou em mim e meu velho que me levou pela mão para que eu fizesse teste no programa *Camino a la gloria*, que foi onde tudo isso começou.

Os telespectadores que toda segunda-feira às 23h no Canal 13 acompanhavam as histórias, as eliminatórias, a classificação dos concorrentes no programa, pensavam a mesma coisa.

O *casting* começou ao meio-dia. Como havia muitos participantes, eles foram divididos em grupos de doze, segundo a posição de jogo em campo e a idade. Cada um teve quinze minutos para demonstrar suas habilidades com a bola, para mostrar domínio, e conforme a posição de cada um, para o chute, o ataque, o desarme e a velocidade.

Apenas 2.500 passaram para a fase seguinte. Daí veio outra peneira, com a qual foram mantidos 400 na competição. E assim, a cada semana o volume foi se ajustando, até chegar a dezenove selecionados. Ou seja, um time completo e mais o banco de reservas.

Chegaram dois jogadores à final.

Entre eles estava o vencedor.

Os televisores do país mostravam as caras nervosas de Santiago Fernández e Aimar Centeno, os finalistas. O vencedor tinha esperando por ele um cheque, um carro e uma viagem à Espanha para fazer um teste no Real Madrid. Para que o finalista não ficasse de mãos vazias, a produção anunciou que seu passe seria comprado pelo empresário do futebol argentino Gustavo Mascardi. (Anos mais tarde, Mascardi seria processado por fraude, por irregularidades na venda de três jogadores do Ferro Carril Oeste, que prejudicaram as finanças do clube.)

A câmera focava as famílias dos dois meninos. O júri revisava os papéis com suas anotações. A tensão era enorme. E, então, o vencedor de *Camino a la gloria*, o jovem talento que partiria para a Europa, o craque do futuro, o vencedor acabou sendo... Aimar Centeno!

Aimar Centeno nasceu em Agustín Roca, um pequeno povoado de mil habitantes da província de Buenos Aires. Ele tinha dezesseis anos quando ganhou o concurso. A primeira coisa que fez ao ser declarado vencedor foi ir até seu povoado, onde todos saíram às ruas para recebê-lo como o herói que ele começava a se tornar. As autoridades locais o colocaram sobre um carro dos bombeiros. Aimar, sentado na parte mais alta da carreta, devolvia os cumprimentos das pessoas agitando as mãos. Lá estava o menino que havia começado aos doze anos no clube Origone de Agustín Roca e que logo passou para Sarmiento de Junín e que daí foi contratado por Renato Cesarini, de Rosário, cidade para onde se mudou aos quinze anos, sozinho, longe de seus quatro irmãos e de seu pai. E ainda mais longe de sua mãe, que anos antes saíra de casa após a separação de Roberto Centeno. A novela de um pequeno jogador de futebol.

Ele jogava bem, por isso rapidamente foi promovido de categoria. Tinha garra, por isso conquistou popularidade. Queria ter sucesso, então se inscreveu no *Camino a la gloria*. Tinha condições, por isso ganhou a competição. Era extremamente tímido, por isso lhe custava estar na mira da cidade toda. Mas ainda assim, nesse dia ficou com a mão levantada, como um vencedor. Logo viria a viagem para o Real Madrid, e o resto seria a glória. A novela finalmente tinha se tornado realidade.

Era o que todos pensavam naquele momento.

E chegou a hora de viajar para a Espanha.

Aimar Centeno estava de uniforme esportivo e, como sempre, se mantinha em silêncio enquanto os outros conversavam. Os outros, neste caso, eram seu pai, o produtor do programa e um cinegrafista. Tudo o que aconteceu em Madri seria registrado para a última transmissão de *Camino a la gloria*.

Era a primeira vez que ele entrava em um avião; das Aerolíneas Argentinas, que saiu pontualmente e cheio de argentinos que, ao contrário de Aimar, não iam ser testados em um time de futebol, mas estavam em busca de trabalho, porque era nesses meses de 2002 que, de acordo com a piada, a crise argentina tinha uma única saída: o aeroporto de Ezeiza.

Passaram-se mais de dez anos desde aquela viagem. Mariano Feijoo, produtor da Cuatro Cabezas, agora mora em São Paulo e continua trabalhando para a mesma empresa, agora chamada Eyeworks | Cuatro Cabezas.

— Havia uma expectativa enorme. Esse garoto tinha ganho um concurso na Argentina, que é berço de jogadores de futebol, para ir para o Real Madrid. Mas a verdade, a verdade é que nem ele mesmo tinha muita fé em si. Durante o voo ele me disse, com uma cabeça talvez muito mais tranquila que a do pai e a minha: "Eu não entrei no Argentinos Juniors... e vou entrar no Real Madrid?". Ele tinha a noção de que já tinha dezesseis anos, e para um jogador de futebol, dezesseis anos já é uma idade complicada.

No dia seguinte, depois de chegar à capital espanhola, foram direto para as instalações do Real Madrid. Visitaram o museu. Aimar olhava as taças, escutava atentamente o guia madrilenho que conduzia o *tour*. De lá, eles foram até o campo do Santiago Bernabéu, onde Emilio Butragueño o esperava. Aimar e Butragueño caminharam pelo meio do campo, esmagados pelo silêncio das arquibancadas vazias. De lá, partiram para uma visita à cidade esportiva, onde o time principal estava treinando. O programa *Camino a la gloria* foi veiculado na Espanha pela Real Madrid TV, de modo que o próximo jogador que veio para saudar Aimar foi o próprio Ronaldo, que o abraçou forte. Em seguida, estenderam-lhe a mão Zidane, Raúl, Figo e os argentinos Cambiasso e Solari, que lhe faziam piadas por ser do mesmo país. Vicente del Bosque também lhe deu um tapinha no ombro e lhe desejou sorte no teste.

Graças à TV, Aimar estava lá. Graças à TV, os ídolos mundiais do Real Madrid o conheceram, um garoto provinciano com o sonho de se tornar um atleta profissional.

Aimar Centeno começou a tomar gosto pelas instalações da equipe madrilenha; ali seria decidido seu futuro no futebol. Seu pai o encorajava e brincou com ele quando passaram seu uniforme do Real Madrid e ele o provou. O cinegrafista registrava cada segundo. O treinamento com as divisões inferiores do clube começou tranquilamente. Aimar corria com o resto, e em poucos minutos estava mais confortável do que imaginava antes de chegar.

O técnico apitou e organizou as equipes para jogarem uma minipartida. Seria a primeira vez de Aimar Centeno em competição. Para trás ficara o *casting* de mais de 12 mil meninos argentinos em busca do sucesso... Agora era hora de jogar.

Aimar estava feliz.

Aimar estava com a camisa preta do Real Madrid, com o número 8 nas costas.

Aimar queria mostrar tudo o que podia dar.

Aimar viu que a bola vinha em sua direção.

Aimar bateu nela e correu com toda a força.

Aimar não queria falhar.

Aimar a chutou com a alma para fazer seu primeiro cruzamento.

Aimar deu tudo naquele primeiro chute.

Aimar sentiu imediatamente o puxão na virilha.

A bola permaneceu em jogo, mas ele ficou dando pulinhos em uma perna só, e depois de algumas tentativas, não conseguiu continuar.

— Foi um momento horrível — conta o produtor. E eu tinha um pouco de sentimento misturado, porque era a gravação para o último programa. Eu pensava "não vamos dizer nada", mas todo mundo tinha visto.

Aimar passou algumas semanas na capital espanhola. Ele continuou treinando no Real Madrid, mas como contundido. A imprensa o entrevistava. Depois o levaram a um programa na Telemadrid; no mesmo programa estava o Niño Torres, e Aimar deu a ele uma camiseta sua.

Depois daquele treino fatídico, o produtor ficou mais uma semana em Madri e, em seguida, retornou a Buenos Aires. Ele nunca mais ouviu falar de Aimar.

Aimar voltou em silêncio para a Argentina e fez um teste no River Plate. Foi selecionado, mas depois de alguns meses foi desvinculado do clube por sua baixa condição física. Ele voltou para sua cidadezinha e logo foi chamado pelo clube Rosário Central. Jogou lá na quinta e sexta divisões, mas o clube não estava interessado em continuar com ele. Passou para o Teodelina Football Club, um time modesto da liga de Venado Tuerto, onde ganhou algum dinheiro. Há alguns anos, voltou para a equipe de sua cidade natal, Origone de Agustín Roca. Em 2010, todo o povo se reuniu novamente, e desta vez não só ele foi alçado às alturas, mas toda a equipe: haviam ganhado de 2 a 0 na final contra o Club Atlético Jorge Newbery, e foram campeões do Torneio Interligas 2010, onde também havia equipes de Junín e de Chacabuco.

Hoje, com 27 anos, ele tem ficado mais tempo no banco de reservas que como titular. Joga como atacante, mas também no meio-campo ou defesa. Ele já não sonha mais ser o grande jogador que sustenta toda a família. Ele agora tem um filho e está preocupado com o seu futuro. Para manter o menino, trabalha todos os dias vendendo refrigerantes.

14. A realidade

Trabalhar com a realidade pode ser um grande exercício de ficção. Os limites, como se sabe, se desmancham facilmente e muitas vezes o resultado acaba afetando uma verdade que, por si só, não existiria. No jornalismo *cash*, essa contradição não é apenas uma constante: é a própria matéria-prima deste projeto de escrita + consumo. Comprar um jogador de futebol para dar conta do negócio com os meninos, por acaso não é montar uma grande ficção? E buscar jovens talentos do esporte por meio de um programa de televisão, não acaba sendo uma grande mentira?

Certa vez, entre os planos que tenho feito para o garoto que vou comprar, pensei em inscrevê-lo em um *reality show* que procura futuros craques, acompanhá-lo até o *casting*, assessorá-lo sobre como lidar com as câmeras e até mesmo conseguir um bom cabeleireiro para ele. Julio Pan, o autoproclamado *"coiffeur* dos jogadores de futebol", me disse em seu salão de beleza:

— Um bom corte de cabelo pode aumentar o passe do rapaz.

O salão de cabeleireiro de Julio Pan fica no bairro de Villa Crespo, em Buenos Aires. Por dentro parece um minimuseu do futebol, com camisas de vários times, fotografias de jogadores e autógrafos de figuras conhecidas. Entre seus clientes estão Walter Samuel, Leandro Gracián, Ernesto Farías, Carlos Salvador Bilardo e Javier Castrilli.

Julio Pan usa várias argolas nas orelhas, tem tatuagens no antebraço e diz ser uma espécie de psicólogo de jogadores, embora a maior parte da sua clientela seja de pessoas do bairro que aproveitam para cortar o cabelo enquanto os aparelhos de TV do salão exibem alguma partida de futebol.

Em 2010 estreou na Espanha o programa *Football Cracks*, um *reality show* dedicado à busca de meninos com mais de dezesseis anos para torná-los ídolos do futebol. Os jurados do concurso, patrocinado pelo banco BBVA, eram Zinédine Zidane e Enzo Francescoli. O vencedor da primeira edição jogaria a pré--temporada com o Benfica, time da primeira divisão portuguesa. O vencedor da segunda temporada ficaria várias semanas em teste no Castilla, filial do Real Madrid da segunda divisão espanhola. Em 2010, o vencedor foi o espanhol Iván Ruiz Pecino. Após uma passagem rápida pelo Benfica, ele retornou à Espanha à procura de um clube. Hoje é reserva do Real Ávila, que participa da terceira divisão da Espanha, o grupo 8. Em 2011, o vencedor do programa foi o mexicano Diego Israel Martínez Monroy. Durou três semanas no Castilla, antes de lhe dizerem que era melhor voltar para o México. Hoje joga nas divisões inferiores do Cruz Azul na Cidade do México.

Mas esse espetáculo que consiste em forçar a realidade para transformá-la em uma ficção não parou. Em 2012, em uma coletiva de imprensa internacional, a marca esportiva Nike e o técnico do Barcelona à época, Pep Guardiola, anunciaram o projeto *Chance*, que foi alardeado como o plano mais ambicioso lançado até então para a busca de novos jogadores pelo mundo inteiro. "Um exército de olheiros da Nike visitará cinquenta países para encontrar cem campeões em potencial. Você está pronto para jogar?", dizia o anúncio da Nike; Guardiola e o FC Barcelona transformados em gancho mundial para recrutar jovens jogadores.

Nenhuma equipe industrializou de forma mais eficiente que o Barcelona a procura por jovens jogadores, e nenhum vendeu como o Barcelona essa ilusão de sucesso ao mundo inteiro.

Mas a novela dos jogadores mirins nunca termina sendo certa, por mais que tudo o que aconteça com o protagonista seja completamente real.

Essa contradição acompanha a caça. A contradição é a sombra desta busca. E eu não estou sozinho. Enquanto continuo com a tarefa de encontrar o protagonista deste livro, o projeto do jogador com sede de sucesso, escuto notícias de crianças caçadas por grandes clubes. Geralmente estes casos aparecem na seção de esportes ou de notícias curiosas. Nunca saem na página policial, nem entre crimes a serem resolvidos.

Recentemente fiquei sabendo do caso de Lily Lawson, uma menina de oito anos que assinou contrato com o clube inglês Blackburn Rovers. A ideia dos diretores era fazer com que ela jogasse na equipe masculina da categoria infantil. Nos vídeos podemos ver que Lily Lawson é uma atacante com muito futuro. Uma promessa. Tem velocidade, força nas pernas, concentração, pontaria: marcou setenta gols em catorze jogos pelo seu clube anterior, o Cleckheaton FC, do norte da Inglaterra. O Blackburn Rovers declarou que, com tão boas condições, Lawson certamente estreará um dia oficialmente como a primeira mulher na Premier League.

Na Europa, onde vão parar os melhores garotos jogadores do mundo, cada vez há menos jogadores precoces nativos. É por isso que histórias como a de Lily são tão chamativas. Da escassa oferta local de meninos goleadores surge a demanda de garotos de outros continentes. Lógica econômica das mais básicas.

15. O porto

De Valparaíso ligo para Cali, para o pai de um jogador mirim. E falo com o representante Luis Smurra, meu velho conhecido do avião para Lima. E Guillermo Coppola me diz, de Buenos Aires, que eu leve o menino para fazer teste no Boca. E o promotor espanhol me fala da crise, da baixa dos preços, de agirmos rápido porque o mercado está caindo aos pedaços e também está afetando o futebol e as novas contratações. Todos sabem que essas ligações são motivadas por um livro. Mas eles também sabem que se trata de uma compra e venda no mundo do futebol, e que se ocorrer tudo bem na transação, cada parte da cadeia receberá algo. Talvez não muito, mas no fim das contas, alguma coisa.

Em Valparaíso, a principal cidade portuária do Chile, o sol ilumina as colinas cheias de casas coloridas e entremeadas com velhos e pitorescos elevadores que parecem minitrens. Uma cidade onde Neruda tinha uma casa, que agora é um museu, e de onde saíram tantos bons jogadores de futebol. Como todos os domingos, em um pequeno campo de terra do morro Barón, estão jogando uma nova partida da Liga Forjadores de Juventud, um campeonato histórico da cidade do qual o clube esportivo Estrellas de Ercilla participa.

Ercilla acaba de perder de 8 a 1, mas Margarita Flores não perde o ânimo. "Na próxima semana vamos ter uma revanche", diz aos meninos jogadores que caminham cabisbaixos até o vestiário. A cena se passa em um lado do campo, em mais uma partida do torneio de futebol infantil em que patrimônios nacionais como David Pizarro, "el Choro" Navia e Carlos Muñoz já fizeram gols. Margarita Flores é a treinadora da série A do Estrellas de Ercilla. A categoria é a maior do campeonato e dela participam crianças de dez a doze anos.

— Pelo que entendi, eu sou a única treinadora mulher de toda Valparaíso — diz com orgulho, dando dramaticidade à goleada que acabam de receber pelo clube Marcelo Quezada. — Isto não é apenas ganhar jogos, estamos interessados na educação integral dos meninos.

Com a abertura do Canal do Panamá, em 1914, o tráfego de barcos diminuiu drasticamente em Valparaíso. A atividade econômica se mudou para Santiago, e assim começou a perda de importância da cidade portuária, cuja decadência perdura até hoje. Em 2003, a parte antiga da cidade foi declarada Patrimônio da Humanidade pela Unesco, o que só serviu para destacar algo que todo mundo já sabia: Valparaíso havia se tornado uma peça de museu, reativada com a ascensão dos hotéis *boutique* que os gringos reservam com meses de antecedência.

De qualquer forma, as crianças dos morros ainda jogam futebol, perseguindo a bola, correndo para ir embora, sonhando em dar o salto para chegar à estação do trem da fama.

O melhor jogador do Ercilla se chama Milo. Suas iniciais são C.L. e ele nasceu em 2001. Ao jogar, C.L. 01 empurra seus companheiros, e insulta a treinadora se ela não o deixa cobrar um pênalti. Ele tem o cabelo curto, usa gel, usa uma argola de bijuteria na orelha esquerda e seu ídolo é Alexis Sánchez. Eu digo à presidenta do clube que me interesso por C.L. 01.

O rapaz volta ao campo. Jogando novamente, como faz nos fins de semana no Ercilla e durante a semana em casa ou na escola pública. Porque os meninos jogadores estão sempre jogando. Como no poema de Jorge Teillier:

Sim, voltei aos povoados tantas vezes
porque o tempo costuma me ter em sua guarda.
E eu estou sempre em ruas enlameadas nas periferias
onde os filhos dos meus companheiros de curso
jogam o mesmo eterno jogo de futebol.

16. O meio-campo

Se este livro fosse um time de futebol, estaríamos agora no meio-campo. O lugar do desarme, do lançamento, de onde é preciso trabalhar para que outros possam brilhar.

A maioria dos jogadores mirins que se destacam são artilheiros ou meias de criação. Ninguém vende ou comercializa esses jogadores que trabalham para que os outros brilhem.

A esta altura do campeonato, fui tirando algumas conclusões úteis, que enumero aqui:

1. Embora sejam considerados *meninos* os menores de dezoito anos, neste livro entende-se por *meninos* os menores de dezesseis anos, a idade em que um garoto jogador que não tenha triunfado já está bem próximo da velhice.

2. Não existe uma idade ideal para comprar um garoto com a ideia de vendê-lo na Europa. O protagonista deste livro provavelmente será uma criança de onze anos. Até pouco tempo atrás, doze anos era uma idade muito precoce para comprar um jogador e levá-lo para a Europa, mas a tendência atual do mercado de jogadores consiste em contratar aos dez anos. Essa é a idade em que o Giovanni Rivera, de Yucatán, recebeu um convite formal para sair do México e juntar-se aos treinos do Barcelona.

Giovanni, também conhecido como "Choby" foi localizado pelo Barcelona através de um sofisticado sistema de recrutamento, diferente dos *reality shows* de jogadores e das escolas de futebol instaladas fora da Catalunha. Neste caso, o clube convocou aqueles que queriam participar de um acampamento de verão. O pai de Choby soube do concurso por alguns amigos, que o animaram a inscrever o filho. Para isso, tinha que preencher um formulário na internet, enviar um vídeo que mostrasse o menino em ação, e esperar. Quando ligaram para ele, a família não acreditou. Aos dez anos, Giovanni havia dado ao pai a maior alegria de sua vida.

3. Um menor de doze anos que jogue em um clube amador na América Latina tem um preço médio inicial inferior a 200 dólares. Se o garoto está inscrito em uma equipe federada, esse número inicial pode ser superior a 700 dólares e até mesmo passar de mil. A partir dos treze e catorze anos, os preços sobem até cinco ou seis vezes esse montante. Como este é um negócio muito arriscado, o mais provável é que o garoto nunca chegue a estrear na primeira divisão e que todo o valor investido se transforme em gastos: os da dieta especial de cereais e carboidratos, das necessidades de transporte e sustento da família e dos seguros. Um menino de doze anos que se destaque de verdade pode ser vendido para um clube europeu por no mínimo 5 mil dólares, embora na primeira etapa a compra seja disfarçada como "convite para treinar" ou "intercâmbio entre academias de futebol". Uma criança de dez anos que já desponte em seu time provavelmente fechará contrato com um representante antes dos onze. O agente ficará com 100% da venda se as condições da negociação satisfizerem a família e a própria criança. Os grandes clubes estão mais dispostos a comprar meninos que não devam pagar direitos de formação aos seus clubes de origem.

4. Que o futebol é uma megaindústria não é algo que este livro venha a revelar. Na verdade, qualquer um que pague para ver os jogos na TV e sofra diariamente com o bombardeio de anúncios com jogadores famosos que querem nos vender todo tipo de produtos já sabe disso.

Até aqui, e no restante desta história, muitas vezes eu tive que perguntar a um pai se o seu filho está à venda, ou por quanto ele me vende, ou se já assinou com alguém que estivesse interessado antes de eu chegar. Algumas pessoas têm me perguntado como é, o que eu sinto, como é isso de perguntar a um pai se o seu filho tem um preço. Mas nenhum pai reclamou por eu ter feito essas perguntas. No fundo, entende-se (eles entendem e a gente entende) que estamos falando de um negócio, e isso pode ser útil para todos.

Eu não gostaria que os leitores demonizassem o negócio de compra e venda de jogadores menores de idade com uma visão simplista, maniqueísta, desta história. Este livro não pretende ser uma caça às bruxas, nem desmontar uma máfia. Pretende ser uma observação do que fazemos todos os dias e onde isso nos coloca. Trata-se de compreender que todos esses jogadores que vão a campo aos domingos não nasceram estrelas, mas que têm uma história e uma origem e têm percorrido um caminho que vale a pena ter em mente e comemorar cada vez que marcam um gol.

5. Seria injusto dirigir um olhar de reprovação aos pais dos meninos jogadores, como se fossem mutantes que só querem que seus filhos brilhem como eles não puderam fazer. E seria injusto, porque isso acontece em qualquer situação em que haja pais e filhos.

Neste tempo vi algumas mães levantarem as mãos para o céu e agradecerem a Deus e a todos os santos por sua filha de cinco anos ter sido admitida em tal colégio, porque tal colégio, bom e tradicional, onde estudam aqueles com os melhores contatos no continente da desigualdade, permitirá que toda a família prospere. E ouvi pais que também deixam de falar com os filhos se eles não passam na prova de admissão.

Esta história se repete.

Os pais dos jogadores mirins não têm ambições nem pressionam seus filhos de uma forma diferente da dos outros pais. Apesar de que, isso sim, aqueles poderiam ter enriquecido mais rápido que esses.

17. O aniversário

É o melhor momento da festa. Alguns dançam e outros conversam. Os garçons vão passando bandejas com taças de champanhe e vinhos de diferentes cores. Os convidados, divididos em vários grupos, riem e conversam enquanto a música eletrônica reverbera por todo o amplo apartamento, que está situado no topo de um dos morros mais caros de Santiago do Chile. É uma segunda-feira e umas cinquenta pessoas estão comemorando um aniversário. É um primeiro andar, e do jardim se vê toda a cidade. Lá embaixo, brilham as luzes da capital. Para chegar até aqui é preciso passar por um primeiro controle, típico dos condomínios fechados, e depois uma segunda barreira para acessar o prédio. Trata-se de uma fortaleza moderna onde parecem se sentir a salvo, unidos e acorrentados, os filhos dos novos ricos e os garotos jogadores que cresceram e conseguiram ficar ricos. Uma das típicas moradias milionárias que os jogadores latino-americanos que dão certo na Europa compram. No mesmo condomínio mora Iván Zamorano, o único jogador chileno que chegou a ser goleador máximo da Liga Espanhola.

— O tema me interessa muito, velho, vamos fazer alguma coisa — me propõe um dos convidados da festa.

O assunto que lhe interessa é a compra de meninos.

— Por que não fazermos algo juntos? Parece que você entende do assunto — diz, e levanta sua taça para fazer um brinde.

Meu interlocutor é um jovem empresário de Santiago que, aos 35 anos, exibe uma boa medalha: criou uma cerveja artesanal, personalizou-a com um bom marketing, a fez crescer e logo aproveitou seus contatos para vender o controle da empresa para uma engarrafadora gigante. Ele ficou com um percentual do passe da cerveja, caso o negócio cresça bastante, mas o importante era fazer dinheiro rápido e se desfazer logo do projeto para empreender outro. Uma aposta de mercado igual à maioria dos negócios de futebol.

— Semana que vem espero fechar a compra do meu jogador — digo a ele, sabendo que já tenho um candidato. Apesar de que, na realidade, eu o anuncio mais como um desejo de que a operação funcione.

É a primeira vez que eu o formulo tão enfaticamente: "Semana que vem espero fechar a compra do meu jogador". Imediatamente me parece que eu disse algo importante. Meu companheiro de conversa sorri, fica feliz. O fato de comprar um jogador de futebol, um garoto jogador, começa a me dar um prestígio empresarial esportivo que, sem dúvida, me faltava até então. E desperta uma curiosidade mórbida.

— É mesmo?

— Sim, tenho quase tudo pronto.

— Bem, vamos fazer alguma coisa juntos. O que estou dizendo é que façamos algo de verdade. Outro dia eu estive prestando atenção em um clube. Ele está cheio de garotos. Moleques bons de bola. Você quer comprar um garoto jogador para escrever um livro, mas eu digo que entremos no negócio de verdade. Nós podemos comprar muitos...

Ele me diz com entusiasmo que, alguns anos antes, ele comprou um cavalo com alguns amigos. Contrataram um bom treinador, encontraram um bom haras, providenciaram um médico veterinário e iam ver o cavalo em todas as corridas. Era uma diversão de amigos, conta, embora acabe confessando que o entretenimento durou muito pouco porque perderam muito dinheiro.

Ele vê como algo diferente isso de comprar garotos jogadores, mas igualmente divertido. E estaria interessado em agregar amigos ao projeto.

Mais uma vez insisto que isso é para um livro, que não quero montar uma fábrica de processamento de meninos da América do Sul para vender para a Europa. No entanto, essa explicação, todas essas palavras juntas, "fábrica de meninos da América do Sul para vender para a Europa", o prendem como o gancho de um açougue prende um bezerro morto. E não o soltam. E ele me diz que, naturalmente, devemos fazer isso mesmo, uma fábrica, que todos estão fazendo isso, que é uma boa ideia. Todos, é claro, como sempre na América Latina, nunca são todos. Todos, nos círculos da elite latino-americana, são geralmente os amigos de escola e da universidade, além de seus familiares, que juntos formam um grupo de poder que acaba sendo "todo mundo". Todos, na verdade, são muito poucos. E esses muito poucos estão exportando ou querem exportar muitos garotos jogadores de futebol. Todos, divertindo-se com o futebol.

— Estou falando sério, se você for comprá-lo esta semana, me interessa que você me conte. É um assunto interessante. Tenho alguns amigos que estão começando no futebol. Agora, com as sociedades anônimas, há vários que têm chegado a comprar clubes.

— Para vender jogadores.

— Exatamente.

E o jovem empresário volta ao assunto:

— E você vai comprá-lo na semana que vem?

— Vou, esta semana.

— E quanto custou? Quanto você tem que pagar? Como é o procedimento?

— Bem, não me peça para contar o livro todo.

De acordo com a própria FIFA e o Sistema de Correlação de Transferências, em 2012 o mercado de jogadores registrou transações por mais de 3 bilhões de dólares. As 208 associações que, por sua vez, fazem parte da FIFA, cerca de 5 mil clubes, utilizaram o sistema oficial para realizar mais de 11.500 transferências internacionais.

O relatório inclui estatísticas e dados interessantes, alguns dos quais vão surpreender os fãs de futebol. Por exemplo, é surpreendente que apenas 10% de todas as transferências fechadas no ano passado correspondam a acordos permanentes entre clubes, o que mostra que quase todos os jogadores inscritos não tinham contrato com nenhum clube. Nenhum.

Antes de deixar a festa, no momento da despedida, ele volta a falar:

— Eu vou comprar o seu livro. Mas, mesmo assim, ligo para você depois, porque estou interessado no assunto. Quero entrar nessa. E preciso de uma assessoria.

Eu digo a ele que o livro será uma assessoria. E ele ri.

18. O tráfico

Para aqueles que gostam de futebol, que conhecem os valores negociados na compra e venda de jogadores, aqueles que sabem de histórias de sucesso de fortunas acumuladas graças às contratações, que acham divertido o mundo financeiro, aqueles que estão sempre em busca de ganhar dinheiro com modas e tendências, eles se animam ao me ouvir dizer que estou comprando um menino jogador de futebol. Tem aquele que diz que ele e alguns amigos viram um garoto em tal lugar e querem comprá-lo como uma aposta de futuro. E tem também aquele outro que tem um amigo que comprou alguns brasileiros que lhe ofereceram por um bom preço, e tem o que mora na Espanha e mandou buscar seus primos do Equador para fazer teste no Real Madrid; e tem também aquele que insiste que o coloquem no negócio, para fazer parte e ter uma participação, ainda que pequena.

Enquanto a imprensa fala sobre triunfos e transações milionárias feitas por representantes com uma grande estrutura por trás, existe um substrato na América Latina em que as contratações são feitas de uma forma mais amadora, como uma diversão ou uma travessura financeira; como a desse jovem empresário do aniversário e seus amigos, que compraram juntos um cavalo e costumavam ir ao hipódromo, e agora querem se unir para apostar em um garoto jogador. Uma espécie de moda que está ganhando força enquanto eu escrevo este livro ou enquanto você lê.

E para algumas pessoas isto de comprar meninos jogadores

para vender para outro continente é o mesmo que o contrabando de mulheres ou o roubo de crianças ou o tráfico de seres humanos, e se incomodam com isso e lhes parece cruel, e dizem isso quando você lhes conta qualquer história.

Segundo dados oficiais, o tráfico de crianças está crescendo. A Organização Internacional para as Migrações, a OIM, informou que em 2011 atendeu 2.040 casos. Em comparação com os 1.565 casos atendidos em 2008, isto representa um aumento de 27%. No estudo, classifica-se como "crianças" os menores de dezoito anos e, geralmente aqueles que são vítimas de abusos, de trabalho e sexuais, por causa do analfabetismo e da pobreza. Nada é dito sobre suas condições para interceptar, dar passes ou chutar ao gol.

O tráfico e o contrabando de pessoas são crimes. De acordo com a Convenção das Nações Unidas contra o Crime Organizado Transnacional, assinada em Palermo, em 2000, embora os termos "contrabando de pessoas" e "tráfico de migrantes" sejam usados como sinônimos, não são a mesma coisa. O objetivo do contrabando é a exploração da pessoa; o tráfico, no entanto, tem como finalidade em si mesmo a entrada ilegal de imigrantes. No caso do contrabando não é essencial que as vítimas atravessem as fronteiras para que se configure o fato delitivo, enquanto que para o tráfico sim.

Todos os estudos indicam que as crianças continuam sendo a população mais vulnerável ao engano. E que o contrabando de crianças pode acontecer internamente, dentro de seu país, ou para outras nações com mais recursos, como tráfico. Um menino que é levado para jogar futebol na Itália aos onze anos, sem sua família e com o passaporte nas mãos de seu representante, poderia ser perfeitamente considerado uma vítima de contrabando e de tráfico de menores.

No mesmo dia em que, na cidade de Rosário, Lionel Messi fazia sete meses de vida, em outro lugar da mesma província de

Santa Fé, na cidade de Rafaela, nascia Leandro Depetris. Onze anos mais tarde, quando Messi estava jogando nas divisões infantis do Newell's Old Boys, Depetris era contratado pelo Milan da Itália no meio de um cerco jornalístico que previa que essa criança, Leandro, se tornaria o novo Maradona.

Em uma entrevista publicada no jornal argentino *Clarín*, Depetris recorda:

> Quando vim pela primeira vez para a Itália, eu era muito jovem. Dos onze aos treze anos, estive indo e vindo da Argentina. A cada dois ou três meses, eu viajava para participar de torneios com as divisões inferiores do Milan.
>
> Assim eu passei dois anos da minha vida. Aos treze anos, decidi voltar a jogar no River, e passei três anos espetaculares. Morei na pensão, joguei na 9ª, 8ª e 7ª e me deram a possibilidade de seguir meus estudos no clube. No River eu passei três belos anos da minha vida.

Leandro Depetris voltou para a Itália aos dezesseis anos. Chegou ao Brescia, um clube de futebol famoso por assinar com meninos jogadores sul-americanos. Durante todos esses anos na Itália viveu sozinho, enquanto sua família o esperava em Santa Fé. Depetris podia ir visitá-los no Natal e nas férias de junho, quando tinha quinze dias de folga. Nada mais.

Na Itália, o assunto dos jogadores mirins não é novo. Há anos que esse assunto é debatido. Por isso, para muitos, o 11 de novembro de 1999 foi um dia histórico. Nesse dia, pela primeira vez, como noticiava o jornal espanhol *El País*, a questão do tráfico de meninos jogadores de países em desenvolvimento contratados pelos clubes do Brescia Calcio foi oficialmente abordada no Senado. Por iniciativa de Los Verdes, uma lei era proposta para impedir a contratação de jogadores extracomunitários com menos de dezesseis anos de idade.

A medida estava relacionada a um fato que foi noticiado e que havia ocorrido havia muito pouco tempo. Tornara-se pública uma lista de mais de 5 mil crianças estrangeiras, especialmente latino-americanas e africanas, que figuravam como inscritas nos clubes italianos. O caso ganhou relevância social pelo destino dos meninos. Muitos deles, depois de terem fracassado em suas carreiras esportivas, acabaram nas ruas ou submetidos a trabalhos escravos. Naquela época, no jornal *La Repubblica* foi publicada uma entrevista com Luigi Falasconi, dirigente da equipe amadora de Sansepolcro, perto de Arezzo, na Toscana. Falasconi relata a experiência de Dungani Fusini, um garoto de catorze anos que tinha chegado a Arezzo em abril de 1999:

> Era um menino feliz. Haviam lhe prometido a admissão em uma escola, um salário para a família e uma posição em um time profissional. Tudo mentira. Quando as coisas deram errado, Dungani deixou a cidade e começou a vaguear por toda a Itália. Sozinho, sem ajuda. Mas ele não era o único. Aconteceu com muitos outros, com meninos eslavos, marroquinos, albaneses. Perdi todo o contato com Dungani em setembro. Eu não sei se ele está vivo. Pode ser que tenha voltado para o seu país, pode ser que ele tenha permanecido na Itália ilegalmente. Eu não sei.

O caso de Dungani Fusini se tornou sinônimo do tráfico de menores de países pobres para a Europa.

A iniciativa de Los Verdes foi acompanhada por denúncias contundentes. Cinquenta e sete por cento das crianças que chegam à Itália para jogar futebol eram menores de doze anos. Nada menos que 1.360 crianças não tinham nem dez anos, e 146 tinham entre seis e oito anos. O escândalo havia estourado em toda a Itália. A maioria desses meninos passaria do campo de futebol para a colheita de tomates ou para a lavagem de carros ou roubos de carteiras nas ruas da Itália.

"Temos de parar com isso", diziam todos em uníssono naquele histórico 11 de novembro de 1999.

Um mês após o debate, o Milan contratava um garoto argentino de onze anos chamado Leandro Depetris. Em 2008, depois de alguns anos longe da família e sem ter se consagrado como jogador, Depetris volta a jogar no Independiente de Avellaneda, na Argentina. Em 2010, é convidado a treinar com a seleção da Itália sub-21. Daí passa uma temporada no pequeno clube Chioggia, na Itália, e em 2011, aos 22 anos de idade, assina com um pequeno clube perto de sua cidade natal, um time amador chamado Independiente de Sunchales.

A Itália também é um destino possível para o garoto jogador que estou procurando. Embora o promotor que será minha contraparte esteja na Espanha, há alguns dias me fizeram chegar o contato de um ex-jogador de futebol chileno que leva garotos promissores para a Itália. Tenho que ligar para ele em alguns dias. O clube onde ele os coloca é o Brescia. O mesmo Brescia onde Depetris jogou quando ainda era considerado o novo Maradona e sonhava com uma carreira gloriosa.

19. *El comandante*

Quando os meninos vão para o campo, seus pais, irmãos e amigos gritam:

— Vamos, Che Guevara! Vamos, Che, caramba! Até a vitória, sempre!

Os meninos se cumprimentam e fazem os exercícios de pré--aquecimento; estão orgulhosos por terem estampado no peito, na camiseta vermelha, o rosto do comandante da revolução cubana, e por jogar como titulares no Clube Social Atlético e Desportivo Ernesto Che Guevara.

Como todos os fins de semana, cada jogo do time se transforma em um acontecimento familiar. Os pais organizam um almoço comunitário, e então as mães cortam tomate e queijo, enquanto os meninos e jovens das diferentes categorias correm atrás da bola com a ideia de livrar-se de um oponente, depois de outro, e, assim, fazer um cruzamento para que um dos seus companheiros possa chutar para o gol e acabar celebrando a vitória.

A torcida não é muito numerosa, mas é animada. Tem uma grande bandeira com o rosto de Ernesto Guevara e um rádio que toca o hino "Para sempre, comandante". Talvez daqui, dentre esses pequenos guevaristas, saia a nova estrela do futebol latino-americano. Porém, mais importante ainda, e é essa a ideia da presidenta do clube, é que daqui saiam os novos líderes da barricada, os agentes da mudança social das zonas pobres da cidade de Jesús María. Mais do que estrelas, dizem aqui, desse clube deveria sair o Homem Novo. Projeto abrangente e mais ambicioso do que o de formar estrelas de futebol.

Jesús María fica na província de Córdoba, Argentina, cinquenta quilômetros ao norte de Córdoba, capital. Para chegar lá, é preciso tomar a Rota Nacional 9 e ultrapassar vacas, caminhões, caminhonetes, automóveis e motos que vão cruzando a planície pampiana. Jesús María é conhecida no resto do país porque é onde se realiza o Festival Nacional da Adestração e do Folclore. Um evento com música ao vivo e homens que tentam cavalgar potros selvagens durante o maior tempo possível, pressionando os joelhos contra o animal para não saírem voando, segurando forte com as mãos para não acabarem no chão com algum osso quebrado.

Em um dos bairros residenciais de Jesús María fica a casa de Mónica Nielsen, a presidenta do Clube Social Atlético e Desportivo Ernesto Che Guevara, fundado em 14 de dezembro de 2006. Mónica me recebe com um mate, enquanto colocamos duas cervejas para gelar.

— Já lhe digo uma coisa. Não vamos sacrificar um menino para manter duzentos. Não vamos vender jogadores por dinheiro.

— É franca enquanto lhe conto do projeto do livro e das viagens que tenho feito pela América Latina, em busca de uma nova estrela. E acrescenta: — Somos contra o que corrompeu o futebol. Temos um nome a zelar. E não posso negociar os meninos.

A presidenta do Che Guevara sabe que o que os espera não é fácil, que a sede de sucesso espreita o tempo todo, de todos os lados. Hoje, o clube tem cerca de 120 jogadores, a partir dos seis anos, em sete divisões diferentes. Tudo de graça, ela enfatiza. Ninguém paga nada. Mónica diz que a sua causa é esta. Nota-se que está entusiasmada com tudo o que fez. Já foram convidados para jogar fora da Argentina, e em muitos lugares querem imitar seu modelo. Ela sabe que uma boa campanha, com vitórias e campeonatos, faria muito pela causa. Mas sabe também que, pelo menos no seu clube, o importante não é ganhar.

— Primeiro: trata-se de um clube social. O menino que entra no Che Guevara sabe que, se quiser ir para outro clube, nós lhe damos o passe livre. As portas estão abertas. Aqui ninguém é sequestrado. Competimos com clubes que têm os direitos sobre todos os meninos. Somos muito ousados em competir com times que têm um poder aquisitivo superior ao nosso. Times que negociam jogadores, cobram direitos e têm vendido garotos. Desse campeonato de futebol de Jesús María saíram meninos que agora jogam no River ou no Boca. Para as pessoas, é normal que o menino vá embora, que o clube cobre, que a família cobre e que o garoto seja visto como um negócio. Como se fosse um produto a mais do mercado na sociedade de consumo em que vivemos.

Joaquín Rojas quer ser jogador de futebol e todos os fins de semana vai ao campo vestindo uma camisa do Ernesto Che Guevara. Joaquín Rojas tem seis anos e joga desde os cinco. É do bairro Güemes, uma favela, vulnerável, onde a pasta à base de cocaína se chama *paco* e é vendida em todas as esquinas. Joaquín obrigou seu pai e irmãos a acompanharem-no ao Che Guevara, porque, com sua pouca idade, já tinha certeza de que queria jogar futebol.

Há clubes que compram jogadores de apenas seis anos porque vislumbram um futuro para eles no campo. Mónica, com seu olfato de caça-talentos políticos, diz que Joaquín, com sua idade, já é um líder social.

Em seu computador há fotografias de partidas jogadas em dias de sol e em dias nublados; de meninos comemorando gols, cumprimentando o árbitro e posando para a foto. Também há fotografias dos garotos desfilando pelo centro da cidade com a camisa do clube, com as bandeiras do Che Guevara e o lema até a vitória, sempre. Um verdadeiro miniexército de guevaristas que marcham diante das autoridades de Jesús María.

— Pela primeira vez, as bandeiras do Che desfilavam na Argentina frente a uma tribuna oficial. Outro triunfo do Che!

Entre os planos a longo prazo do clube está o de fomentar uma liga de jogadores que não seja comandada pelo dinheiro:

goleadores livres que triunfem sem cobrar quantias exageradas; e também o de construir quadros sociais: querem criar a Universidade Popular. Mas, além disso, há os objetivos a curto prazo. Um deles é ter um campo próprio. Para alcançá-lo, eles já têm algumas ideias:

– Se o futuro prefeito não aceitar a petição de jogadores e pais para que nos cedam um espaço físico para fazer o campo, haverá problemas. Eu lhe digo, haverá problemas. Só queremos um espaço físico, porque temos pedreiros para construí-lo: os pais dos garotos. Vamos pelas vias certas, mas se não nos derem um, vamos cortar caminho. Agora não temos campo, mas esses meninos precisam de um. Joaquín, Iván, e todos esses garotos, mais do que jogadores, vão estar aqui porque serão os transformadores de tudo.

20. A presidenta

— Sim, sou eu, o pai do Edwin — responde Jairo, de Cali. A conversa dura poucos minutos. Diz que ainda não pode me passar um valor pelo seu filho, porque perguntou no clube e disseram que não, que não podia vendê-lo, que ao entrar na escola assinou um papel cedendo a propriedade do passe. E que eles, os donos do clube, tinham muitos planos para o Edwin.

Jairo me dava a notícia com alegria, como se estivesse agradecido por eu ter me interessado pelo Edwin, porque, dessa maneira, havia subido a cotação do menino. "Primeiro, certifique-se de que não tenha assinado nada com ninguém", advertiram-me várias vezes, e isso demonstra que se trata de um conselho acertado.

Muitas vezes pensei em desistir, em abandonar o projeto, a busca pelo garoto que vai ser o protagonista deste livro. Depois de falar com o pai do Edwin me volta essa ideia, a de desistir, porque nesta indústria, tudo parece estar combinado de antemão. Mas, além das questões administrativas, que sempre são difíceis quando alguém não conhece o mercado em que entra, há o outro problema, o de ter de oferecer dinheiro aos pais. Por mais que se trate de um livro, lidar com cifras vai se transformando em um triste jogo de risco. Desanima quando não lhe vendem o menino. Desanima que queiram vendê-lo.

Uma das coisas que me ajudaram quando comprei um bezerro para o meu primeiro trabalho de jornalismo *cash* foi ter um sócio, alguém pertencente à indústria da pecuária, uma pessoa que pudesse me assessorar e entendesse que, além de escrever um livro, o que eu queria era contar um mundo de coisas. Juan Jorajuría, o homem que me vendeu a vaca, foi uma peça-chave em todo esse processo.

Telefono para Margarita Flores, a treinadora da série A e presidenta do clube desportivo Estrelas de Ercilla. Passaram-se várias semanas desde o nosso primeiro encontro em Valparaíso. Durante a semana, Margarita lava as camisas dos meninos, organiza as atividades do clube e, às vezes, ajuda o marido no armazém da família. Acabará sendo minha sócia e companheira nesta aventura.

Quando lhe telefono, recordo o nosso primeiro encontro, digo que continuo avançando com o livro, e lhe pergunto por quanto poderia me vender o passe de algum jogador do seu clube.

— Um passe desse vale... Por exemplo, falando comigo como presidenta do clube, o passe é de sessenta mil pesos. Desde que eu queira vender. Se não quiser, é preciso negociar.

Então lhe explico que quero que me ajude. Que, além do menino, quero que me assessore, que me dê dicas, que faça parte do projeto, que isso pode servir para mostrar a deriva a que ficam condenados muitos clubes infantis por culpa dos olheiros e da eterna perseguição de figuras novas. Ela fica entusiasmada com o livro e com qualquer coisa que ponha o seu clube em destaque.

— Pois quero comprar um jogador do seu clube, Margarita.

— Qual jogador?

Pergunta-me com toda a naturalidade. Respondo-lhe da mesma forma:

— O Milo.

— Ahhh... O Milito. Olha, eu teria de ir ver o avô, que mora com ele. Conversar e explicar tudo.

— Não conte sobre o livro. Mas faça o contato, por favor. Quero que a negociação seja rápida.

— Tudo bem, conte comigo. E espero o seu telefonema, já guardei o seu número.

Há duas razões pelas quais os clubes grandes têm ficado com os melhores jogadores dos times pequenos ou das escolas de futebol infantil: a pressão dos representantes, que querem pôr os meninos em clubes grandes porque, assim, os vendem por preços mais altos, e o trabalho dos dirigentes dos clubes poderosos, que às vezes oferecem coisas que uma instituição pequena não pode dar. Por exemplo, trabalho para os pais. Ou o pagamento à vista e em espécie, também aos pais, de uma porcentagem do passe.

Sabe-se que, no sistema atual do futebol latino-americano, o negócio já não consiste em ganhar campeonatos ou disputar o título, mas na venda de jogadores. Na Argentina, por exemplo, essa parte do negócio representa aproximadamente 35% do faturamento anual no ramo. Mais do que as transmissões televisivas, os patrocínios, a bilheteria do estádio e as doações.

A compra e venda como um grande esporte *cash*.

21. A paixão

O futebol na América Latina é, apesar de tudo, muito mais do que dinheiro. Mais do que transferências e empresários e agentes e vendas e comissões e meninos transferidos e passaportes falsos e roubo entre clubes e roubo entre representantes de jogadores e pobres que se tornam milionários e milionários que compram pobres e ricos mais ricos e pobres sempre pobres. Além e apesar de tudo isso, trata-se de uma paixão, uma descarga, uma loucura, uma catarse, um sonho, um grito, um gooool caralho, gooooool filho da puta, gooooolaço e vai para a puta que pariu.

Na América Latina, o futebol é importante. Isso deve ficar claro. E não só pela sua relação com a política, com as paixões de Estado, como as que provocaram a "guerra do futebol", sobre a qual escreveu Ryszard Kapuscinski,[1] esse conflito de 100 horas entre El Salvador e Honduras desencadeado depois da partida de classificação para o Mundial do México de 1970. Vai além da manipulação que as ditaduras latino-americanas fizeram desse esporte. E muito além do lazer como indústria no continente com a maior desigualdade do planeta. O futebol é coisa séria, como qualquer loucura.

A essência dos garotos que querem ser jogadores, o que os move, consiste em algo muito próximo: jogar como todos jo-

---

[1] Em *A guerra do futebol e outros relatos* (Companhia das Letras, 2008). (N.T.)

gam no bairro, nas escolas, e como antes jogaram os pais em seus bairros e em suas escolas, bem como os avôs. O futebol como identidade, idioma, herança.

"A única vez que vi meu marido chorar foi por um gol do Maradona", disse uma mulher em um programa de rádio transmitido para toda a Argentina.

O aniversário da mulher de um escritor argentino coincidiu com um jogo do San Lorenzo de Almagro. "Terminou tudo em pastelão, a festa foi por água abaixo", recorda uma amiga que foi à celebração. "O escritor começou a chorar na metade do aniversário porque o San Lorenzo perdeu".

Há um lugar da América Latina onde se vive o futebol como em nenhuma outra parte do mundo. Uma cidade que ficou louca. Cheguei a Rosário, Argentina, em busca de um jogador mirim, e acabei preso em uma capital doente por esse jogo.

Em Rosário, conheci María José Cardinale, uma estudante da Universidade Nacional de Rosário, que me confessou, nervosa, que, embora more lá, nunca pôs os pés num estádio.

María José é magra, alta e tem os lábios grandes. Trabalha em uma pensão e lê romances, embora só tenha uma coisa em mente: amanhã conhecerá o pai de seu noivo, e o lugar escolhido para tão transcendental cerimônia é o Coloso. Vão ver um jogo do Newell's.

— Vamos ser apresentados em um campo cheio de doentes por futebol, comendo pão com linguiça — brinca, sem disfarçar o orgulho: sabe que se alguém de Rosário a apresenta ao pai com estádio cheio, durante uma partida do campeonato nacional, as coisas estão sendo levadas a sério.

O Newell's está em uma boa fase no torneio local, e María José sabe disso, porque, desde que ficou comprometida, tem observado em seu noivo todos os graus de euforia que pode experimentar um ser humano. Ao percorrer a cidade em busca de jogadores mirins, uma parada obrigatória é o Coloso do Newell's, com suas arquibancadas com as duas cores do time:

vermelho e preto. O Coloso fica no Parque da Independência, que com seus arvoredos, seu lago artificial e ciclovias, se enche de famílias e esportistas todo fim de semana. Há pouco tempo, o estádio foi rebatizado com o nome de um herói do futebol local: Marcelo Bielsa. O "Louco" Bielsa.

Com a mão técnica de Bielsa, os rubro-negros tiveram suas melhores atuações no campeonato argentino. É dessa época uma cena de que os torcedores ainda se lembram: é 1990, acabam de ser campeões no Coloso, carregam Bielsa nos ombros, e ele pede aos gritos uma camisa do time e, no meio da euforia, a beija. Beija a rubro-negra e grita, exaltado: "Estúpidos, caralho! Estúpidos, caralho!". Em Rosário, a cidade de um milhão de habitantes, situada 300 quilômetros a noroeste de Buenos Aires, entende-se a "loucura" de Bielsa.

A cidade onde Che Guevara nasceu. E que alguns chamam de "Barcelona da América do Sul" ou "Chicago da Argentina". À beira do rio Paraná, com fama de culta. E, sobretudo, a cidade cuja paixão pelo futebol divide o povo entre Leprosos e Canalhas.

A rivalidade entre os principais clubes da cidade é uma das mais fortes na história do futebol mundial. Os times são o Rosário Central (conhecido como "os Canalhas", e que joga no estádio O Gigante de Arroyito) e o Newell's Old Boys ("os Leprosos" do Parque da Independência), e suas diferenças se notam apenas quando se chega aqui.

O taxista que me leva ao hotel tem uma bandeirinha dos Canalhas. O recepcionista que anota os meus dados no hotel traz na lapela o escudo da Lepra. O garçom que me serve um café pingado exibe um escudo do Rosário Central, e o vendedor da livraria Homosapiens usa uma pulseira com as cores vermelha e preta do Newell's. Por toda a cidade há muros pintados com as cores de um time ou do outro.

A maioria torce para o Rosário Central, cujas cores são o amarelo e o azul. No mapa rosarino do futebol, a primeira coisa que se destaca, na verdade, é o bulevar Avellaneda, entre a avenida Gênova e o Paseo Ribereño. Ali fica o estádio Doctor Lisandro de La Torre, mais conhecido como Gigante de Arroyito. Nele, a Argentina ganhou do Peru por 6 a 0 na Copa de 78, e é onde o Rosário Central joga como anfitrião. Fito Páez, o músico rosarino fanático pelo Central, costuma aparecer nas arquibancadas quando os Canalhas jogam. Roberto Fontanarrosa, o escritor e desenhista rosarino, torcedor do Central, nunca faltava aos compromissos no estádio.

Nessa mesa que está a poucos metros, na qual há dois senhores grisalhos de bigode lendo o jornal, a única de todo o salão que tem as pernas coloridas e é coberta por vidro, essa é a famosa "mesa dos galãs", onde sempre se sentava "o Negro" Fontanarrosa. Ou, simplesmente, Fontanarrosa, como assinava em suas vinhetas no jornal *Clarín*. Tudo acontece no El Cairo, na esquina da Sarmiento com a Santa Fe, outra parada imprescindível na Rosário do futebol. Um bar antigo e tradicional da cidade, hoje reformado, com sua estátua de Fontanarrosa, um ímã para turistas.

É uma quinta-feira à noite, no El Cairo quase todas as outras mesas estão ocupadas: colegas de trabalho, grupos de amigas, famílias inteiras, colegas de universidade, namorados recentes, pessoas casadas há muito tempo.

— O Negro sempre se sentava aí — aponta Paula Imhoff, torcedora do Rosário Central.

— Uma vez me sentei a essa mesa com uns amigos e todos nos olhavam — lembra Francisco Sanguineti, nascido em La Plata, mas rosarino há anos.

Francisco Sanguineti sabe que estou procurando um jogador mirim. Diz que em Rosário há muitos. Que nos arredores de Rosário sempre há bons meninos, grandes jogadores. Pedi a ele que me avise quando vir algum bom projeto de jogador. Ele fica de me avisar, de procurar e observar.

As mesas do El Cairo se ocupam e desocupam como em uma fábrica infinita de rosarinos. Dentro do café-restaurante há uma pequena livraria e televisões para ver as partidas de futebol. Os tetos são altos e atrás de um bar há um gigantesco mural com fotos e desenhos de Fontanarrosa, o único rosarino que venceu na vida sem sair daqui.

— O Fontanarrosa, torcedor fanático do Rosário Central, disse que um dos dias mais tristes da sua vida foi quando o Maradona foi contratado pelo Newell's. Sabe qual foi um dos meus dias mais tristes? — pergunta Sanguineti. — Quando o Bielsa assinou com a Seleção do Chile.

Quem torce pelo Newell's tem uma celebração que pode parecer loucura: todos os anos, no dia 21 de julho, é festejado o Dia do Amigo Leproso, uma festa com danças, casais de dançarinos e recitais, cuja data foi escolhida porque é o aniversário do Bielsa. Percebe-se por que o torcedor do Newell's, ao falar do técnico, o chama de "Louco Bielsa querido".

Mas na cidade da loucura pelo futebol, cada time tem sua própria celebração excêntrica. Os torcedores do Rosário Central comemoram todo dia 19 de dezembro "a pipoca do Aldo Poy"; a ideia é reviver um gol de pipoca – o que no Brasil se conhece como gol de peixinho – que Poy marcou contra o Newell's em 1971, e que pavimentou o caminho para que seu time, o Rosário Central, chegasse à final contra o San Lorenzo e ganhasse pela primeira vez o campeonato argentino. A cerimônia, que se repete todo ano, é simples: alguém cruza para a área, e Aldo Poy cabeceia como naquela tarde de 71.

Seria injusto esquecer o estádio Gabino Sosa, onde joga o Clube Atlético Central Córdoba, um time rosarino centenário que milita na terceira divisão e mantém torcedores na cidade. Assim como o Rosário Central e o Newell's Old Boys, o Central Córdoba também relembra uma lenda insólita:

— Tivemos o "Cortante" Carlovich, o melhor jogador argentino de todos os tempos. Melhor do que o Maradona — me disse um torcedor do Central Córdoba.

Em 17 de abril de 1974, jogou-se em Rosário uma partida entre um combinado do Rosário e a seleção argentina. A estrela, aquele que se tornaria um lenda, ia ser um jogador local, Tomás Carlovich. Um magrelo, que era elogiado por todos, inclusive pelo ex-técnico da seleção argentina, o rosarino César Luis Menotti: "Vê-lo era impressionante".

Mas a lenda só ganhou corpo quando Carlovich foi convocado para fazer parte da seleção argentina e preferiu ir pescar com seus amigos de Rosário. Hoje, grupos do Facebook lembram dele, e a torcida do Central Córdoba tem bandeiras com seu rosto. Na cidade, conta-se que, quando Maradona chegou para jogar no Newell's, um jornalista expressou o orgulho de Rosário por receber "o melhor jogador do mundo", ao que Maradona replicou: "O melhor jogador já jogou em Rosário e é um tal de Carlovich".

Aqui, uma pessoa pode caminhar pela margem do rio Paraná e cruzar com gigantescos navios de carga ou pequenas lanchas com motor externo; atravessar do parque Urquiza até a zona norte e, no caminho, enquanto cai o sol, cumprimentar os pescadores aficionados. E jogar bilhar nos salões do centro, ouvir tango no El Levante, dançar no subterrâneo do Berlín ou tomar um café no Pequeño París, ao lado do teatro El Círculo. E, sobretudo, entender a antilógica de um espírito singular, de uma loucura que se unifica na diferença: a importância que o futebol pode chegar a ter na formação de qualquer latino-americano, vista a partir da experiência de Rosário, a cidade onde nasceu Lionel Messi, onde ele fez seus primeiros gols e levantou suas primeiras taças, antes de ser transferido para o Barcelona.

Esta é a cidade onde Messi quer encerrar sua carreira no futebol.

A primeira mensagem que Francisco Sanguineti me mandou da Argentina sobre a busca por um jogador mirim de Rosário dizia:

Esqueci de contar que estou dando aulas em um bairro pobre de Rosário, e há dois garotos tobas (os tobas são um povo originário da Argentina e grande parte deles vive em uma espécie de favela em Rosário) que jogam futebol e parece que muito bem. Eles têm treze anos; um deles é chamado de Neymar, pelo estilo de jogo. O problema é que já estão em clubes e sei que um tem representante. Bom, isso caso lhe interesse.

Respondi: "É claro que me interessa. E muito. Já assinaram com alguém? São rápidos? Como são as famílias deles? Eles têm bom caráter? Eles encaram a vida de frente?".

22. O cabaré

Um amigo editor me escreve para contar sobre um menino peruano que joga muito bem e que talvez me sirva.

Uma ex-namorada me conta que seu sobrinho, que tem menos de dez anos, está começando a treinar no San Marcos de Arica e tem muito futuro.

Uma jornalista esportiva com quem trabalhei no mesmo jornal me diz que, no seu bairro, uma zona perigosa de Santiago, há um garotinho que joga maravilhosamente bem, que é rápido e que tem uma pegada espetacular, mas que não tem muito futuro porque os pais, ambos, são traficantes; e ela sabe que em um bairro desses, não se fala com os traficantes, muito menos para dizer que se quer comprar o seu filho — só se deve respeitá-los.

Tenho um contato que está de olho em uns campos nos arredores de Montevidéu, de onde se supõe que saia parte dos melhores projetos futebolísticos do Uruguai.

E de Rosário, Francisco Sanguineti manda uma mensagem com notícias:

> Um joga no Tiro Federal e o outro no Argentino de Rosário, que são os clubes de Rosário que vêm depois do Newell's e do Central e que costumam passar jogadores para a primeira divisão. As famílias são muito humildes. Não sei bem em que trabalham, mas os pais parecem estar na construção. Cumprimentei-os e são um pouco baixos, com umas mãos grossas e ásperas; no entanto, são muito novos para poder conhecer seu

caráter. A princípio custam para se soltar, mas depois mostram o gosto por falar e perguntar, e, pelo que me contaram, gostam de conquistar mulheres.

Eu respondo ao Francisco:

Pode averiguar se assinaram alguma coisa? E me passar as idades exatas? Pode perguntar se eles têm agente e se algum clube os procurou? A última coisa que contou não é ruim. O exemplo que o Guillermo Coppola me deu para descrever um bom preço era a forma como ele abordava as mulheres. Com caráter, como ganhador. Segundo ele, isso diz muito de um jogador.

É terça-feira à noite e estou no bairro de Palermo, em Buenos Aires. Assim que se entra no clube Cocodrilo, subindo uma escada escura e cruzando com jovens que andam de biquíni ou roupa justa, percebe-se que também se está em um lugar relacionado com o futebol. Em um canto do balcão do clube de *strippers*, há uma foto de Diego Armando Maradona abraçado ao dono do local. A certa altura da noite, com a taça quase cheia, um ex-jogador da seleção da Argentina, que agora comenta partidas pela televisão, conversa com uma loira de minissaia e saltos brilhantes. No Cocodrilo, há um balcão comprido, um pequeno palco, duas barras para danças eróticas e meia centena de moças que caminham pelo local como em uma festa onde todos se conhecem e cumprimentam com um beijo no primeiro encontro. Assim que se aproximam de você, lhe falam ao ouvido, pegam na sua mão, o convidam para se sentar, se insinuam com frases como "não quer convidar essa menininha para beber alguma coisa?", e mostram o decote sem soltar a sua mão. Falam com você sorrindo ou sorriem falando com você. O perfume entra pelo nariz e chega no cérebro em instantes. Enquanto novos clientes continuam chegando, você imagina que entre eles há vários relacionados direta ou indiretamente ao negócio do futebol; ou são representantes, ou são agentes, ou são especialistas em apostas, ou são familiares de uma estrela, ou ex-jogadores ou futuros jogadores. Esta noite, há um espetáculo, cujo momento de maior tensão dramática inclui duas jovens que se beijam. Dizem que é a especialidade da casa, e que o número já foi visto pelo boxeador Mike Tyson e pelo ex-presidente Bill Clinton, dois ilustres visitantes do lugar.

— Não quer me pagar uma bebida? — pergunta uma jovem com uma calça jeans apertada e uma versão, igualmente justa, da camisa da seleção argentina de futebol.

Aproxima-se até quase tocarmos os narizes e, com naturalidade, põe a perna direita entre as minhas. E me encara. Nós nos sentamos em um canto do palco, onde agora não há ninguém. Ela me diz que se chama Laura, e desliza a mão na minha coxa. Diz que posso chamá-la de Laurita, e agora me toca. Está com calor, diz, e abre a camisa para que eu veja tudo, menos o bico dos seios. Pede uma taça de champanhe porque vai morrer de calor, e me dá um beijo no pescoço. Afirma que tem 21 anos, diz "aninhos" na minha cara de quarentão, enquanto levanta a mão para que o garçom lhe traga a taça.

— Vêm muitos jogadores aqui? — pergunto, em um canto do prostíbulo.

— Você também está no negócio do futebol? — pergunta, contente.

— Estou, também estou no negócio do futebol. — E me escuto falando com mais orgulho do que todas as outras vezes que falei disso.

— Veja você... Uma vez estive com Maradona. Você conhece o Maradona?

Eu rio, e pergunto se está falando sério, e então ela se põe a relatar uma noite em que Diego estivera aqui, uma noite qualquer de quando estava gordo. Depois de cumprimentar todos e de pedir uma garrafa para a mesa, mandaram-na buscar. Alguém lhe disse que o Maradona queria ficar com ela. Conversaram um pouco à mesa, beberam cerca de meia hora, e saíram dali. Chegaram de carro a uma casa de dois andares em Devoto. No quarto, havia um televisor gigante, e Diego o ligou, pôs em um canal de música e foi para o banheiro. Voltou tranquilo e começou a tirar a roupa. O sexo não foi bom, diz ela, sem tirar as mãos de mim durante todo o relato sobre Maradona.

Diego parece ter gostado. Diz ela que voltou a chamá-la várias vezes. Outras três depois daquela primeira, diz, e logo me pergunta:

— E você, quantas vezes vai me convidar? Está gostando dessas tetinhas que o Diego tocou? — E então levanta a camisa da seleção argentina de futebol para me mostrar seus mamilos.

23. A entrevista

Liguei para o promotor na Espanha para contar como estava indo o *tour* pelos campos de futebol de menores. No mesmo dia, liguei pela primeira vez para o meu contato para levar jogadores mirins para o Brescia, na Itália. Conforme progredia no negócio, não disse a nenhum dos dois que estava falando com o outro. Tampouco falei desses telefonemas a Margarita Flores, minha sócia em Valparaíso, quando ela me ligou para dizer:

— Por fim, consegui contatar o avô. Conversmos e ele pareceu interessado.

O telefonema da Margarita precipita as coisas. Dizem que quando alguém vai comprar um garoto jogador é importante mantê-lo cercado. A presidenta do clube já tinha feito a sua parte, agora era a vez do avô. Os meninos são os últimos a saber; até assinar seu primeiro contrato, eles só pensam em se tornar jogadores. Segundo a pesquisa "O que você quer ser quando crescer?", realizada pela Fundação Adecco, dos 1.200 garotos espanhóis entre quatro e dezesseis anos que participaram, 21% deles querem ser jogadores de futebol. No caso das meninas, 22% querem ser professoras. Um de cada cinco meninos espanhóis quer marcar gols em um time profissional. É provável que na América Latina só um de cada cinco queira fazer outra coisa.

Procurar um menino entre os milhões possíveis pode ser um exercício infinito. Segundo qualquer manual da administração moderna, a arte de comprar bem consiste em raciocinar, com a maior solidez possível, antes de cada escolha. Analisar com a cabeça fria, e entender que o preço sempre pode ser negociado para menos.

Outro domingo vendo futebol infantil. Passei a manhã em um encontro do torneio *Forjadores de Juventud* na região de Barón. Como sempre, a imagem é de um cartão postal do Terceiro Mundo: meninos correndo atrás da bola em um campo de terra e os pais estimulando-os como qualquer torcedor. Mais rápido, chuta, corre, assim nãooo, puta que pariu, joga com mais vontade, ehhhhhhhh, juiz ladrão, aprende a chutar, ladrão, filho da puta, isso, isso, bom, corre, corre mais, vai por aí, já vai sair, já vai sair.

Jovino Uribe é o presidente da Liga Forjadores de Juventud de Valparaíso. Tem um pequeno comércio na avenida Argentina, uma filha, uma neta e um boné azul na cabeça branca. Na mão, fotos de vários menores de doze anos. Promessas do futebol que um dia entraram em um estúdio fotográfico do porto, se sentaram em uma cadeira alta, encostados a uma parede branca, e olharam de frente para a câmera Polaroid de quatro lentes.

— Bom, além de meninos profissionais no setor do futebol, também temos tido médicos, advogados, gente das Forças Armadas — diz Jovino. — Mais que o futebol, nós não queremos que os garotos se envolvam com drogas, álcool ou delinquência. Olheiros? Sim, chegam todos os domingos para ver as partidas. Vêm, assim, como você, e ficam o dia inteiro e fazem muitas perguntas. Chegam de times grandes, de times pequenos e particulares. Quem mais aproveita esses garotos é o Wanderers, que os leva bem cedo para o seu time.

O Santiago Wanderers, time popular de Valparaíso, foi fundado em 15 de agosto de 1892 e é o mais antigo do futebol profissional chileno. Em 2007, foi nomeado "Patrimônio Intangível" de uma cidade onde tudo acaba sendo patrimônio. Como costuma dizer o presidente da liga infantil do morro Barón, o Wanderers é a parada obrigatória dos portenhos que sonham em ser jogadores.

— Pela sua experiência, Jovino, com o que eu devo tomar cuidado para que o meu jogador mirim não fracasse?

— São três coisas: a droga, o sexo e os estudos. Com essas

três coisas, é preciso tomar cuidado. Ficar de olho nos amigos, que os levam à droga. As moças, que os desconcentram. E os estudos: às vezes eles preferem se dedicar aos estudos e deixam a carreira de lado.

Anoto no meu livro de caça os três grandes perigos na carreira futebolística de um garoto:

A droga.

A namorada.

Os estudos.

Os três perigos de igual importância.

Em um canto dos vestiários, espera por mim Margarita Flores, a treinadora do clube Ercilla. Ao lado dela, com short, argolas de bijuteria na orelha, chuteiras gastas e a camisa do Ercilla, o melhor jogador do time. Um grande projeto. O menino que eu quero comprar. Cumprimento-o, e sem fazer menção ao negócio, digo que farei a primeira entrevista da sua carreira. C.L.01 aceita. Então, eu ligo o gravador:

— Idade?

— Onze anos.

— O que você quer ser quando crescer?

— Jogador de futebol.

— Em que posição gosta de jogar?

— Ponta esquerda.

— Qual é o seu ídolo?

— Alexis Sánchez.

— E onde gostaria de jogar?

— No Barcelona.

— E essa argola aí na orelha?

— Igual à do Alexis, claro.

— Já fez teste em algum time?

— Estive no Wanderers, mas havia um professor que não me deixava jogar. Dizia que eu era ruim, que não fazia nada, que andava em campo.

— E era verdade?

— Claro que não. Eu estava bem, corria de um lado para o outro, para cima e para baixo.

— Mas agora há pouco você teve um problema porque não o deixaram cobrar um pênalti e você começou a gritar com a treinadora.

— É que como eu fiz um gol no primeiro tempo, queria poder marcar o segundo agora. E a tia Margarita não me deixou cobrar.

— O que mais lhe agrada nos jogadores famosos? Os carros que eles compram?

— Nãoooo... O bom preparo físico deles, a humildade de alguns, que vêm de baixo.

— Você gosta que eles venham de baixo?

— Claro! Se eu fosse um bom jogador e me dessem dinheiro, a primeira coisa que eu faria seria ajudar a minha família.

— E como os ajudaria?

— Comprando coisas, presentes, produtos, cadeiras, móveis.

— E carros, compraria?

— Claro, mas não esses de luxo, metidos, nada disso, um que seja de acordo com a nossa realidade, simples, para ir trabalhar.

— E de quem é o seu passe hoje?

— Hoje é do Abelardo, um clube de cima, do meu avô Juan.

— Com quem vem aos jogos?

— Com meu avô, o pai da minha mãe.

— E o seu pai, não?

— Não, porque até o momento meu avô é meu pai pois me criou desde pequenininho. Porque eu não vejo o meu pai, como o pai do Alexis Sánchez. Então, meu avô me criou como se eu fosse filho dele.

— E a sua mãe?

— Minha mãe eu sempre vejo, quase todos os domingos ela sobe, vai para a minha casa, me leva presentes e tudo o mais.

24. O empresário

Desde o começo, a ideia era contar a todos os entrevistados que eles apareceriam em um livro. Em alguns casos, isso fechou portas e diminuiu nomes. Uma semana antes de viajar para Madri a fim de ver meu contato espanhol, decidi mexer alguns pauzinhos para encontrar um personagem que poderia iluminar o caminho de um garoto latino-americano rumo ao futebol espanhol: Jorge Valdano.

Um amigo colombiano que dirige uma revista e é amigo pessoal de Valdano poderia servir de ponte. Escrevi a ele falando de meu projeto. No dia seguinte, esse amigo enviou um e-mail ao Jorge Valdano com cópia para mim. No começo da mensagem, ele me apresentava. Na parte final, ele falava do motivo da minha viagem. Mas Valdano nunca respondeu.

— É um assunto muito delicado para ele. Nenhum de nós, que estamos no negócio do futebol, gosta de falar da contratação de garotos — contou o meu contato em um café da El Corte Inglés de La Castellana.

Meu contato tem 35 anos, nasceu em Almería, é filho de pai espanhol e mãe equatoriana e eu o conheci há mais de dez anos, quando nós dois morávamos no antigo hotel Cisneros, em Barcelona. Naquela época, ele estudava Comércio Internacional, mas toda a semana passava por Camp Nou. Um primo dele, nascido em Quito e estrela do bairro, queria fazer o teste em La Masia, a academia das divisões inferiores do Barcelona.

Quando me mudei para Buenos Aires, perdemos contato. Anos depois nos encontramos novamente graças ao Facebook. Ele me contou, por *chat*, que demorou mais de um ano para conseguir que o primo viajasse para a Espanha para fazer o teste. Precisou assinar uma papelada, conseguir as autorizações dos tios equatorianos e pagar parte da passagem. O primo passou a dormir na casa dele, treinou com o clube durante uma semana e, no final das contas, não foi selecionado. Depois dessa primeira recusa, apareceu uma série de testes em outros clubes da Espanha. Algo que ajudou o meu amigo é o que há de mais valioso nessa indústria: os contatos.

Depois de uma grande volta, acabou colocando o primo nas divisões inferiores do Almería. O garoto ficou lá por dois anos e conseguiu jogar dez partidas como titular no campeonato de times menores antes de abandonar o futebol.

— Meu primo ficou lá, morando em Almería. E continua jogando, mas no time da fábrica onde trabalha.

Em sua apresentação como empresário, ele enfatiza que colocou mais de dez meninos equatorianos em times espanhóis. Ele menciona Rayo Vallecano, Almería, Betis e Levante. Ainda que não se possa esquecer dos maiores:

— Tudo isso que dizem das regras, do controle da FIFA, da proteção aos menores... tudo isso são meras declarações para a mídia. No mês passado, o Real Madrid contratou um menino argentino de sete anos, e ouvi dizer que a transação movimentou muito dinheiro.

O empresário sabe que a sua carreira acaba de começar, ou pelo menos acredita nisso. E sabe que o importante é diversificar. Por isso, sua empresa não se limita a colocar menores equatorianos em times de futebol espanhóis; além disso, graças ao contato com uma comissária de bordo, traz sacos de café em grãos, cigarros e bebidas para a colônia equatoriana. Aliás, já deu entrada na papelada para importar camarões.

— Acredita que os camarões podem ser um negócio melhor do que jogadores mirins?

— O que acontece é que eu não vejo a venda de jogadores como um excelente negócio. É um negócio pequeno que pode vir a ser um grande negócio. Mas, para isso, deve-se ter um excelente projeto.

Meu contato mora a mais de uma hora de distância de Madri. Vem pouco à cidade e fecha todos os negócios pela internet. Hoje está com roupa mais formal: uma jaqueta de couro, igual à agenda, usa gel no cabelo, tem cara de ciclista, anda em um Audi velho. Ele sabe que estou escrevendo um livro e que fará parte dele. Na primeira vez que lhe falei sobre meu projeto de conseguir um jogador de futebol latino-americano e trazê-lo para a Espanha, ele me respondeu por *chat* que a ideia lhe parecia divertida. Na semana seguinte, enviei-lhe uma cópia de *La vida de una vaca* e, na dedicatória, coloquei: "Vai ser algo assim, mas com um jogador de futebol". Depois de ler, ele me disse para prosseguirmos, mas ressaltou um detalhe: ele não queria que eu citasse seu nome.

A reunião no café da El Corte Inglés não ocorreu por acaso. Além de nos encontrarmos novamente e falar da vida no hotel e do negócio que faríamos, o empresário da minha compra chegou a Madri com um objetivo de curto prazo, e convidou-me a acompanhá-lo. Naqueles dias, acontecia na capital espanhola a Copa Danone, um torneio de times juvenis do mundo todo, apadrinhado por Zinédine Zidane, e onde meu contato pretende criar novos vínculos.

A *Danone Nations Cup* está em sua 12ª edição. A competição está aberta a meninos que tenham entre dez e doze anos provenientes de mais de quarenta países. A pirâmide é simples: tudo começa com 40 torneios nacionais, que envolvem 2,5 milhões de garotos de mais de 20 mil times e 25 mil escolas espalhadas pelos cinco continentes. Uma grande operação de peneira para os olheiros.

Em cada campeonato nacional, é classificado um vencedor que irá representar seu país na final mundial patrocinada pela

FIFA. Além da competição esportiva, o evento é anunciado como uma forma de "promover os valores para além do futebol, como o humanismo, a abertura, a aproximação, o entusiasmo e hábitos de vida saudáveis", Estas frases, tão cheias de clichês e tão vazias quanto um estádio numa segunda-feira, parecem dar razão ao escritor argentino Jorge Luis Borges: "O futebol é popular porque a estupidez é popular".

Passamos a tarde vendo jogos e eu aproveitei para observar o empresário em ação. Cumprimenta com amabilidade pessoas que não conhece e está sempre dizendo que aquele velho ali é tal pessoa, que o que acabou de acender um charuto é fulano, que aquele de óculos de aviador trabalha para tal empresa, que o garoto com uniforme esportivo é da família de tal treinador. Nesse entorno de especulações esportivas, com meninos cuja cotação sobe ou baixa dependendo de como suas pernas vierem a se comportar em uma única partida, eu vendo a ele a minha compra:

— Não vi, em todas essas partidas, ninguém melhor do que o Milo.

— Precisa andar mais rápido. Precisa trazê-lo e começar a promovê-lo — disse ele enquanto saíamos do Bernabéu.

Despedimo-nos depois de combinar que eu o manteria informado sobre o garoto selecionado, sua situação familiar e da possibilidade de trazê-lo com sua família para a Espanha. Da mesma forma, eu também deveria continuar de olho em outros projetos, porque há alguma coisa no Peru, dois garotos de Rosário e alguma coisa na Colômbia e no Uruguai. Enquanto isso, ele abordaria clubes que recebem garotos latino-americanos por longos períodos e com ajuda de custos completa.

Antes de ir, ele me disse:

— Ei, em seu livro, não me retrate como se eu fosse um Don King.

Don King é o empresário esportivo mais famoso da história.

Um empresário do boxe que se tornou uma lenda por seus contratos milionários, até mesmo por seu cabelo, que parece estar sempre em chamas. O fato de ter cometido dois assassinatos não lhe impediu de acumular fortuna com figuras como Muhammad Ali, Mike Tyson e Sugar Ray Leonard. Outra pessoa que empresariou, Larry Holmes, disse que ele "parece negro, vive como um branco e pensa verde".

Faz alguns anos que encontrei Don King em um aeroporto dos Estados Unidos. Lá fora nevava, e o empresário de boxe mais famoso e rico do planeta passeava com um casaco preto de pele que ia até o chão. Andava com guarda-costas, assistentes e aquele cabelo espetado para o céu, sua marca registrada. De perto, King, que beirava os oitenta anos, aparentava a idade que tinha, porém era ativo e eficiente: coisa que não se poderia dizer de todos os boxeadores que ele havia utilizado para construir seu império.

O Don King do futebol, o maior de todos, segundo os empresários, agentes, observadores e contatos com quem cruzei nesta minha busca por um jogador mirim latino-americano, é Jorge Mendes, português dono da agência Gestifute. Mendes tem uma carteira de aproximadamente 80 jogadores avaliada em 600 milhões de dólares, sendo Cristiano Ronaldo sua principal estrela.

Atrás dele estão David Manasseh e Ertan Göksu, donos da agência Stellar Football Ltd. É deles o passe de Ashley Cole e de outros 200 jogadores. O conjunto está avaliado em aproximadamente 400 milhões de dólares.

Também se sobressai no negócio Marcelo Cuppari, com 105 jogadores que valem 300 milhões de dólares. O croata Franjo Vranjkovic, que administra 74 jogadores avaliados em 93 milhões de dólares. O francês Pierre Frelot, proprietário da agência Mondial Promotion, e especialista em jogadores africanos como Didier Drogba. E Jerome Anderson, com sua agência *Sem Group PLC*, que representa 95 jogadores avaliados em 250 milhões de dólares.

O jornalista e escritor Daniel Titinger, que dirige um jornal esportivo em Lima e sabe em que estou trabalhando, me manda um e-mail. No assunto, escreve: veja este site. Dentro, uma mensagem curta:

http://www.jugaenprimera.com/
não sei se conhece, mas pode servir para a sua pesquisa

Eu não conhecia. Imediatamente, acessei a página, uma espécie de agente de futebol digital. Um empresário-robô. No site, explicam: "Conheça os futuros talentos do futebol profissional. Jogadores do mundo todo apresentam suas características, dados, fotos, vídeos e tudo o que você precisa para selecionar os futuros profissionais de seu time".

Estou à procura de um jogador, por isso, a primeira coisa que faço é me registrar na categoria scouters. Ao preencher os dados, uso o nome de menesesscouters.

Depois de preencher todos os campos e mandar minha ficha, recebo de volta um e-mail automático com o status da minha conta e uma recomendação: "Inscreva-se já para acessar o banco de dados dos milhares de milhares de jogadores do site Jugaenprimera. O acesso aos dados de contato dos jogadores tem um custo semestral de US$ 800, sem limite de consultas".

Talvez o melhor seja abrir uma conta com os dados do jogador que estou comprando. Sem fechar contrato e adiantando-me ao que possa acontecer nos próximos dias com o avô do Milo, abro uma conta com o nome de C.L.01.

Antes de ser o diretor do jugaenprimera.com, Mario Ascher Morán trabalhou como diretor de negócios na agência publicitária JWT Argentina. Um ano depois de entrar no ar, o site já exibia um crescimento de 127%, com mais de 5 mil meninos inscritos de forma livre e gratuita no portal, dentre os quais 65% são argentinos e os outros 35% são latino-americanos ou europeus.

"Investimos 60 mil dólares para começar com este projeto e não nos enganamos. Apostamos em nosso país e hoje começamos a colher os frutos. Mais de 25 clubes, observadores e olheiros nos pedem ajuda para recrutar seus futuros craques e a maior surpresa foi a aproximação do FC Barcelona", disse Mario Ascher Morán, diretor do jugaenprimera.com para o jornal *Defensa y Justicia* de Córdoba, na Argentina.

Entro no site. Preencho a ficha com os dados de um garoto que é possível que eu compre. Aperto enter.

A página me responde que o garoto já está carregado no sistema.

25. Os brasileiros

As fortunas que alguns jogadores de futebol latino-americanos ganham na Europa podem mudar a paisagem de um bairro. Isso acontece, por exemplo, na Barra da Tijuca, zona oeste do Rio de Janeiro, o bairro preferido dos jogadores brasileiros aposentados. Lá estão as mansões de Ronaldinho, Romário, Rivaldo, Adriano e de uns cinquenta craques, meninos que um dia deixaram de ser promessa para se tornar celebridades do futebol.

Ao percorrer as ruas da Barra, como é conhecido informalmente o bairro, descobre-se parte do interesse de tantas famílias em que seus filhos sejam estrelas. Neste bairro, também moram celebridades da televisão, novos ricos das mais diversas procedências e magnatas do turismo. Há restaurantes exclusivos, lojas de roupas de grifes famosas, shopping centers para milionários e também há pobres, porque o Brasil é assim.

Romário costuma jogar na praia da Barra, mas esta manhã não está por ali. Em vez disso, está acontecendo uma partida com meninos que competem em um torneio local de futebol de praia. Pedro, de doze anos e com cabelo afro, domina a bola como se estivesse usando as mãos em vez dos pés. Com a agilidade própria de um menino feito de borracha, sobe e desce a bola sem que ela toque a areia, logo levanta e vai descansar deitado de costas. Uma garota de biquíni rosa grava tudo em seu celular, enquanto alguns turistas alemães o aplaudem, segurando um copo de caipirinha. Pedro já tem contrato com o Flamengo.

Nem todos os jogadores de futebol que vêm morar na Barra em mansões pintadas em tom pastel, diante das quais param carros conversíveis de cores vivas, nasceram no Rio de Janeiro. Pelo contrário, a maioria vem de outras regiões do país. Mas é conhecida a fascinação que o Rio desperta nos jogadores de futebol brasileiros, bem como são famosas as viagens que eles fazem entre fevereiro e março, fugindo do frio europeu para o carnaval carioca. Não existe praticamente nenhuma estrela do futebol brasileiro que, no auge da carreira, não tenha sido destaque carnavalesco. Como se o sucesso, no caso dos brasileiros, não fosse somente "sair" do bairro e "chegar" às ligas europeias. Aqui, o sucesso também consiste em "chegar" a ter uma mansão na Barra e "sair" no sambódromo desfilando em uma escola de samba.

O carnaval como festa interminável. Como o triunfo no futebol; o futebol como carnaval. Lá estão agora 100 mil corpos dançando pelas ruas de Ipanema, sob o sol carioca. Corpos cor de canela, brancos, negros e amarelos dançam pela avenida Vieira Souto. Corpos de biquíni, sunga, tanga, fios dentais, maiôs ou envoltos em cangas se movem juntos, de maneira desordenada, seguindo o ritmo da banda do Cordão da Bola Preta. Há cerveja grátis para hidratar os corpos. Há vendedores de chapéus e camisetas e perucas para enfeitar as cabeças. Há o som dos bumbos e pandeiros e chocalhos. Há policiais com cassetetes. Há câmeras de televisão credenciadas de mais de 40 países.

Este é o último domingo antes de começar o desfile no sambódromo. O calor é atordoante, como sempre acontece quando não chove, mas a praia está a poucos metros e nela está a solução. A festa não acaba nunca, nem as camisas de times de futebol.

— Agora não falta mais nada — diz nervosa Marisa Furacão, da escola de samba Acadêmicos do Grande Rio, que veio para a prova da fantasia. Com seus sapatos de salto agulha, Marisa é uma mulata com mais de um metro e oitenta de pura exuberância. Veste um short jeans curto mostrando tatuagens no umbigo, uma minicamiseta de sua escola e tem uma cabeleira cacheada da qual cuida como se cuidasse de um filho.

Marisa é carioca e tem orgulho de sua cidade. Sabe que o Rio vive um momento estelar. Conta que estava na praia de Copacabana, de frente para um telão gigante, junto a milhares de cariocas, quando Rio e Madri chegaram à final da escolha da sede das Olimpíadas de 2016. Estava nervosa, foi de biquíni, estava segurando o choro, mas desatou a chorar quando gritaram que o vencedor era o Rio de Janeiro. No telão, mostravam Lula levantando e abraçando Pelé. A Copa do Mundo de 2014 e as Olimpíadas de 2016. O Brasil fica cada vez mais perto do Primeiro Mundo.

— Espero poder dançar nas duas aberturas — diz Marisa, e seus quadris se movem sozinhos, acompanhando o samba que toca ao fundo.

Ainda assim, o mais importante é a Copa do Mundo. Por isso, em todas as alas há jogadores, uma Copa do Mundo e centenas de meninos que jogam futebol e querem o estrelato quando o Mundial for jogado aqui.

A Cidade do Samba é um setor de galpões inaugurado em 2006 na zona portuária do Rio, onde se agrupam as oficinas das doze grandes escolas que protagonizam o carnaval carioca. Entre centenas de artesãos, pedreiros e técnicos, é possível sentir o ritmo acelerado sob o qual são finalizados os detalhes da grande festa. No dia do desfile, Marisa vestirá um biquíni chamativo de lantejoulas acompanhado de plumas negras e vermelhas, pegará o ônibus às três da tarde e ficará duas horas no camarim do sambódromo antes de sair à cena. Mais de cinquenta componentes de sua escola desfilarão, como ela, em cima dos carros alegóricos. Três mil sairão no chão.

Todos os jornais, revistas, rádios, sites e canais de televisão transmitem ao vivo das praias ou do sambódromo. Este ano, a polêmica estava relacionada com a infância e o sucesso. Com os pais e os filhos. Com a suposta exploração desses por aqueles: os meios de comunicação perguntam se a pequena Júlia Lira deve ou não dançar. A questão se refere à menina de sete anos eleita rainha do carnaval por uma das escolas. O escândalo acaba sendo resolvido nos tribunais: a sentença é favorável a que Júlia dance. Agora, todo o Rio espera a aparição da menina.

Em alguns anos, ela será esquecida. Será passado, como muitos jogadores de futebol brasileiros que despontavam como o novo Pelé e nunca foram o novo Pelé. Mas, controvérsias à parte, os meios de comunicação mostram a chegada dos famosos. Beyoncé grava seu mais recente videoclipe vestida como uma passista de escola de samba, e Ronaldinho também estará lá. Madonna chega com os filhos, é uma das convidadas de honra de uma festa da qual Ronaldo também irá participar. Paris Hilton será DJ de um evento de pré-carnaval, em que Neymar vai estar. Bob Sinclair vai animar a festa do Jockey Clube do Rio, a versão eletrônica do sambódromo, onde é anunciada a presença de Romário. Com eles, aviões provenientes do mundo todo e a capacidade hoteleira da cidade esgotada com meses de antecedência.

Faltam somente algumas horas para que o Rei Momo receba as chaves do Rio e que a cidade fique em suas mãos. A partir de então, a loucura estará oficializada. Será o momento de sacudir os corpos no ritmo do samba, que mistura o ritmo alegre a letras tristes. No sambódromo, as câmeras de televisão transmitirão a todo o mundo as imagens do desfile de carros alegóricos, enfeitados com temas da próxima Copa do Mundo, e centenas de meninos vestidos de jogadores desfilarão em frente ao júri oficial.

Os aprendizes brasileiros continuam sendo os mais bem cotados. No mundo dos jogadores juvenis, a nacionalidade também determina o preço. Embora, a rigor, todos os meninos sejam iguais, se um aspirante a goleador nasceu no Brasil, para começar, terá mais visibilidade. A exportação de meninos nascidos aqui chegou a tal ponto que, em março de 2012, o ministro dos Esportes, Aldo Rebelo, anunciou que, a partir daquele momento, o governo começaria a tomar medidas para impedir que alguns clubes continuassem levando meninos recrutados em escolas brasileiras para o exterior.

"Trata-se de uma prática condenável", afirmou o ministro aos correspondentes internacionais em uma entrevista coletiva no Rio de Janeiro. O ministro se referia concretamente ao abuso de alguns clubes europeus que fundavam escolas de futebol em cidades brasileiras, mas acabavam levando os meninos e suas famílias para outros países.

O tema não é novo no Brasil. Desde 2001 existia a chamada Lei Pelé, segundo a qual os jogadores de futebol só poderiam aceitar contratos de clubes estrangeiros quando completassem dezoito anos, mediante o pagamento prévio, por parte dos clubes estrangeiros, de uma compensação ao time brasileiro que tivesse investido até então na formação das jovens promessas. Mas é claro que a norma não impedia o recrutamento de meninos que ainda estivessem nas divisões infantis e cujos pais tivessem aceitado propostas de emprego em outros países, oferecidas igualmente pelos clubes estrangeiros interessados em formar o jogador de futebol. Daí vem a proposta governamental de modificar a Lei Pelé.

Atualmente, mesmo que talvez se trate de uma medida ingênua, os brasileiros menores de dezesseis anos não podem assinar contratos profissionais, mas, em compensação, a partir dos catorze, é permitido que eles assinem contratos de formação. Dessa forma, a educação esportiva adquire, oficialmente, um valor de troca. Escrevo a Luis Smurra, o advogado e agente de jogadores que conheci no voo para Lima, e marcamos um encontro após algumas semanas em Buenos Aires. Minha ideia é que, como advogado e representante, ele me assessore em todos os aspectos legais da contratação do menino.

Do Brasil, ligo para o empresário que tenho na Espanha e conto a ele as novas medidas que estão sendo aplicadas no Brasil e como, ao que parece, estão sendo modificados certos aspectos da venda de meninos latino-americanos para a Europa. Ele me diz que as coisas não vão mudar, que sempre haverá formas de driblar as restrições do negócio, tentando me tranquilizar. O Brasil é o segundo país com mais jogadores de futebol no exterior, uns 1.700, e o primeiro lugar ainda é ocupado pela Argentina, com mais de 2 mil jogadores competindo fora do país. Muitos deles, como Lionel Messi e Leo Depetris, foram jogar em países estrangeiros quando ainda eram menores de idade.

26. O carioca

Um bando de crianças, de diversas idades e tamanhos, persegue a bola em uma ponta da praia de Copacabana. É uma tarde de sol e os turistas estrangeiros caminham ao lado dos meninos jogadores como se eles não existissem. É provável que, entre tantos craques de futebol brasileiros, já tenham se acostumado com essa cena tão típica do Rio. Ou, também, é possível que finjam que não os veem. Que não estão aí esses meninos pobres, sem calçado e tão próximos de suas toalhas europeias, correndo atrás da bola à velocidade de um batedor de carteiras. Ou talvez não os olhem para não se apegar, como te ensinam a fazer neste negócio.

O mito do jogador de futebol brasileiro está repleto de histórias de grandes astros descobertos na praia. Por isso, detenho-me assistindo à partida, observando à distância por alguns minutos, e logo me aproximo lentamente, silencioso como um caçador que não quer espantar a vítima.

Dois adultos assistem ao jogo. Um deles fala ao celular. Nisso, um menino mulato de cabelo curto e pernas finíssimas salta no ar sobre os amigos e cabeceia a bola em direção ao goleiro rival. É uma cabeçada forte, direta, que dobra as mãos do último obstáculo antes de converter-se em gol. O moleque ergue os braços para o alto enquanto seus compaheiros correm para abraçá-lo. Um dos adultos continua ao telefone. O outro, vestindo sunga e uma camisa do Flamengo, grita:

— Muito bom, Mauro! Golaço!

Durante a viagem pela América Latina em busca de um jo-

gador mirim barato, a fim de vendê-lo caro na Europa, apren-
de-se a importância dos detalhes. Por exemplo, quando há dois
adultos observando garotos jogando, é muito provável que ali
exista uma joia.

— Muito bom o gol de cabeça — comento com o torcedor
do Flamengo.

— É meu sobrinho! — diz o homem, com orgulho e ambição.
O que se passa a seguir é rápido, como um ritual com o qual já
se está acostumado. Pergunto a ele se o garoto já está em algum
clube, ele me pergunta se trabalho para alguma empresa que registra jogadores, digo que procuro um garoto para vender para a Europa, ele diz que tem muita gente interessada no Mauro, pergunto o que lhe ofereceram, ele me oferece um cigarro,
fumamos, os garotos continuam jogando, ele me diz que uma
vez um espanhol o procurou, mas não deu em nada, pergunto
se já assinou algo com algum clube, um dos meninos – sem ser
o Mauro – faz um gol, ele me pergunta o que quero dizer com
assinar algo, fumamos, ao nosso lado passa um casal de gringos
em traje de banho e guarda-sol e um deles carrega uma camiseta da Copa do Brasil, pergunto se assinou um contrato cedendo
os direitos de seu sobrinho, neste momento o outro homem, o
que fala ao telefone, encerra a ligação e se aproxima.

O tio de Mauro nos apresenta, diz a ele que estou comprando um garoto para vender para a Europa. Ele me estende a
mão, me encarando por trás de óculos de sol Ray-Ban; muscu-
loso, veste camiseta e jeans e tênis brancos.

— Mauro será um grande jogador. Estamos avaliando várias
alternativas — me diz ele com muita segurança, assumindo o
papel de agente do menino.

O tio emudece, como se quisesse ser a principal testemunha
de uma negociação milionária. No futebol de hoje, a fantasia é
a de que qualquer menino-promessa pode vir a ser uma fábrica de milhões. Um capitalismo do milagre, em que se apostam
as fichas da prosperidade no golpe de sorte com o qual o futuro dos pequenos pode se deparar.

— Quanto lhe ofereceram? — pergunto aos dois, sabendo que estão ali esperando pelo milagre que é este menino carioca chamado Mauro.

— Você não vai acreditar — responde o agente improvisado.

Não sou o único interessado em comprar um garoto brasileiro. São de longe os jogadores infantis com melhor preço de venda para o Primeiro Mundo. Muito antes de vir até aqui tentar registrar algum desses menores, vários clubes europeus já vêm fazendo o mesmo, ainda que sob premissas mais elevadas e estratégias mais complexas. De alguns anos para cá, a maioria dos principais clubes do mundo abriu escolinhas de futebol em várias partes do Brasil. Verdadeiras fábricas que processam a matéria-prima até transformá-la em garotos preparados para exportação. Dente de Leite S.A.

Os últimos a chegar foram os franceses, com uma ambiciosa escola do Paris Saint-Germain no Rio. Os mais tecnológicos foram os ingleses do Chelsea, que se associaram à Samsung para registrar jogadores mirins no Brasil. O Manchester, o Barcelona e o Milan já estão aqui há anos. Porém, o projeto mais glamoroso e midiático dos últimos tempos foi inaugurado em 29 de janeiro de 2008 em Cabo de São Roque, no Rio Grande do Norte. Naquela ocasião, em uma cerimônia repleta de fotógrafos e crianças brasileiras posando diante das câmeras, David Beckham inaugurava seu próprio empreendimento de recrutamento de garotos. O "David Beckam World of Sport".

A escola de futebol do Espanyol de Barcelona à primeira vista se mostra mais modesta. Apenas um par de traves e uma faixa sobre as areias de Ipanema em que se lê: "Escola de Futebol de Areia, RCD Espanyol de Barcelona".

Quando digo ao funcionário que estou conversando com um garoto brasileiro, que estamos em negociações avançadas, e que gostaria de testá-lo na escola do Espanyol, ele me ouve em silêncio. Logo explica que a escola não tem intenção de fazer negócios com os garotos, somente aproximá-los da instituição do Espanyol e levá-los a passeios em Barcelona. Muitas vezes essas escolas de clubes europeus se instalam na América Latina apresentando razões mais sociais que comerciais. Por que o Manchester ou o Chelsea ou o Espanyol abrem escolinhas de futebol no Brasil? Fazem isso somente para ajudar?

— Quantos anos tem o garoto? — ele me pergunta, vestindo uma camiseta azul e branco bordada com o escudo do Espanyol.

— Onze, recém-completos — respondo.

— Teríamos que ver como ele joga e qual é a sua situação.

Quando se entra neste mercado, logo se entende que "sua situação" é, em outras palavras, saber se o garoto já tem registro em algum clube.

O tio de Mauro e seu amigo, o agente improvisado que falava ao telefone, negociam o garoto sem muito profissionalismo. Por uns instantes, não é possível dizer se um deles é realmente o tio, ou se têm algum parentesco entre si, ou se apenas estão ali fazendo se passar por parente do menor que chamar a atenção de algum comprador. É o modo como funciona muitas dessas transações clandestinas, que têm aumentado junto com a moda mundial de compra e venda de menores.

— Este menino pode valer muitos mil euros — me diz o agente.

— E com quem eu teria de falar para negociar o preço? Sempre negocio com os pais. Onde encontro os pais desse menino?

Mauro faz outro gol, e seus companheiros de time saem em seu encalço para abraçá-lo. Uma família de turistas passa ao lado sem dar atenção para os pequenos jogadores. Depois de alguns segundos em que discutem secretamente algo entre si, os dois homens me dizem que na verdade já há um clube interessado por este pequeno carioca. E o sujeito do telefone completa:

— Mas se estiver mesmo interessado, posso te conseguir outro menino do Rio, melhor que o Mauro.

27. O advogado

Quando se compra um bezerro novo com a ideia de fazer com que ele cresça (e depois disso comê-lo, vendê-lo ou dá-lo de presente), a relação com o animal é muito próxima. Ainda que o visite esporadicamente, é possível reconhecer nele as manchas, a forma das patas, as mudanças próprias do crescimento. Ao final de algum tempo, é possível distingui-lo facilmente em meio a um mar de vacas pastando na campina. Mas quando alguém quer comprar um jogador mirim para vendê-lo na Espanha, o ideal é conhecê-lo pouco e fazer negócio o quanto antes. Tratar de não encontrá-lo fora do campo. Evitar qualquer relação que vá além de papéis, cartórios e um cumprimento cordial. O melhor é não distinguir um menino que joga futebol num mar de garotos que chutam uma bola na América Latina com vontade de vingar algum dia na Europa.

No mundo do futebol, para ganhar dinheiro, é melhor não se apegar aos meninos. Uma das razões lógicas para esse conselho é que, segundo as estatísticas, o menino objeto da compra muito provavelmente não vai chegar a jogar em um time grande. E, dizem todos no ramo do futebol, apegar-se a um fracassado é um duplo mal negócio: você não recupera o dinheiro e tem de mantê-lo mesmo que não lhe sirva.

No meu caso, não estreitar a relação com o menino tem uma razão a mais, relacionada à estratégia da narrativa. A probabilidade de eu cair, com essa aproximação, em um golpe baixo, na morbidez de narrar a precariedade doméstica do menino e sua família, para mostrar que ele dorme em uma cama fria ou morre de fome à espera do sucesso, pode desviar-me, e também ao leitor, para o solo superficial da miséria crônica. No lugar comum da pobreza, os meninos acabam perdendo o rosto e passam a fazer parte de uma massa amorfa, anônima e negociável.

Hoje à noite, na boate Esperanto de Buenos Aires, as pessoas que dançam também formam uma maré amorfa, definida apenas pela diversão coletiva, sem histórias particulares.

Essa é a boate favorita dos jogadores de futebol argentinos que triunfam na Europa e das dançarinas, modelos, atrizes e vedetes que querem conhecê-los. No setor VIP, quando a liga europeia está de férias, é possível chegar a ver mais de 300 milhões de dólares em estrelas de primeira grandeza: os quatro ou cinco jogadores da seleção dividem a festa. Mas, para além do setor VIP, a Esperanto é um ímã para aqueles que querem vencer. Para os aspirantes a empresários, jogadores, para aqueles que querem vender e exportar estrelas da bola. Segundo a pessoa que me serve uísque no balcão, o dono da Esperanto também está envolvido no negócio da venda de meninos.

— Eu também estou envolvido no negócio — grito eu, procurando por chaves que não encontro aqui, e vou para a pista, onde duas moças dançam animadamente e parecem que têm os olhos desenhados em forma de pastilhas.

Agora que se aproxima a compra do menino, é o momento de falar com Luis Smurra, advogado e agente de jogadores. Seus conselhos em termos de lei serão essenciais para a continuidade do negócio.

Encontramo-nos em um elegante hotel no bairro da Recoleta, em Buenos Aires. Depois dos cumprimentos iniciais, colocamos o papo em dia, recordamos nossa viagem a Lima, pedimos dois cafés e em tom cuidadosamente coloquial de um advogado diante de um gravador, ele me conta:

— Entrei para o negócio do futebol quase por acaso. Graças a um amigo peruano que, quando deixou de jogar em seu time, se tornou um gerente esportivo e me aproximou desse mundo. Mas eu trabalhava em direito trabalhista, tinha meu escritório e, como bom jogador de futebol frustrado que fui... Joguei em divisões inferiores em Almagro e, depois, no Platense na quarta divisão. Aí, percebi que eu não dava para o futebol e me dediquei aos estudos. Trabalhava e estudava. Depois, comecei a jogar futebol de salão e aí sim, joguei na primeira divisão por muitos anos, no River. Sempre estive ligado ao futebol. É a minha paixão.

Luis morava perto do estádio do River Plate, em Buenos Aires, e seu pai fazia parte da direção do clube. Sempre esteve ligado ao futebol, mas nunca se envolvera no negócio, até que surgiu seu amigo gerente do clube peruano. E assim começou a trabalhar para o Sporting Cristal de Lima. Sua tarefa era entrevistar jogadores e treinadores. Ver se poderia vendê-los e se poderia ganhar algo no processo. Depois de seus primeiros contratos, surgiram muitos clubes, muitos contratos, muitos jogadores, muitos voos, muitos negócios, muitas assinaturas, muitos passes, muitas comissões e muitos almoços, cafés, cafés da manhã e jantares para falar de muitas transferências.

Quando nos conhecemos, no avião, Luiz levava um jogador ao Sporting Cristal. Agora me conta que, desde então, já levou o rapaz a Temuco, no Chile. E depois ao Paraguai.

Custou para que Luis entrasse no negócio. Disse que houve algumas complicações, porque o que permite a entrada são as redes de relacionamento. O futebol é um negócio de relacionamentos, repito para mim mesmo, e não sou bom nisso. Luis explica que a pessoa precisa conhecer o jogador, o clube e, algumas vezes, o técnico e os membros da diretoria, além de jornalistas e outras pessoas ligadas ao esporte. Além de outros empresários, porque, definitivamente, ninguém faz nada sozinho, sempre dependemos de outros, sempre há um agente que representa o jogador, sempre pode haver um intermediário. Há várias personagens, mãos demais. E todas elas esperam receber algo.

— Há vários representantes. Vejo que muitos que querem comprar entram nesse negócio pensando que é mais fácil do que realmente é. Apostar em meninos é uma aposta mais barata. Por isso o FC Barcelona percorre o mundo buscando o futuro.

Ele confirma que, mesmo os argentinos sendo os mais vendidos ao exterior, e os uruguaios sejam um produto em ascensão, porque se adaptam a todas as condições e muitos deles têm passaporte europeu, um brasileiro ainda vale mais do que todos. Complementa dizendo que o argentino tem um bom valor porque aprende a ser competitivo desde muito cedo. "Você não verá um menino argentino para quem dê no mesmo vencer ou empatar. Aqui, você vê meninos de cinco anos que perdem uma partida e saem chorando. O fanatismo que o futebol gera é único e há lugares onde isso ainda não se vê."

Volto ao assunto:

— Já estou decidido a comprar o menino. Um de onze anos que joga muito bem.

— O que você está querendo fazer é um investimento de alto risco.

— Acha uma tolice?

— É uma tolice fazer isso sem tomar as mínimas precauções. A não ser que seja um investimento muito baixo. Nós, às vezes, sem chegar a comprar o jogador, para ajudá-lo, de alguma maneira estamos controlando-o. Eu não preciso comprar, eu tenho certo controle. O que você pode fazer é deixar o jogador jogar em um clube, ser do clube, contanto que você tenha a documentação necessária para que possa tirá-lo de lá para colocá-lo em outro clube. Do contrário, como vai conseguir fazer valer seu direito financeiro? Para que um jogador gere direitos financeiros, precisa existir uma venda. E para que você possa cobrar uma parte ou dá-la a um terceiro, precisa ter algo, precisa ter instrumentos.

— Existe algum instrumento que permita dizer "este menino pertence a tal pessoa"?

— Que diga "este menino pertence a tal pessoa", não. Mas é possível ter os direitos financeiros inerentes a tal jogador, os que possam ser gerados por uma venda. Se o garoto não pertence a um clube, você pode ter seus direitos financeiros, mas sempre existe o risco de que ele se inscreva livremente em um clube e você o perca. Nesse caso, o que você precisa ter é esse instrumento reconhecido pelo jogador e pelo clube que vai registrar seus direitos federativos.

— Desde quando os jogadores começaram a ser mais de pessoas que de clubes?

— O problema que existe é que os negócios ligados ao futebol, principalmente a transferência de jogadores, na verdade, são negócios de compra e venda de seres humanos. Olha, eu sempre conto uma coisa que ouvi de um agente da velha guarda, desses que eram mais boêmios e continuam trabalhando com seus contatos há vinte ou trinta anos. Ele me disse: lembre-se que o bolo de um negócio no futebol, composto pelo orçamento de um clube que queira contratar, precisa incluir: um pedaço para o clube que tinha o contrato anterior com o jogador, e isso vale tanto; o custo de transferência, que vale tanto; quanto o jogador vai ganhar no período do contrato, custa tanto; o valor da comissão é tanto... No final das contas, chega um momento em que há conflito de interesses, porque se você vai pagar mais de transferência, vai querer pagar menos de salário, e se quer pagar mais de salário, vai pagar menos de comissão. É um negócio de equilíbrios delicados. E, por sua vez, deve-se considerar o equilíbrio dos três pilares: o clube vendedor, o jogador e o clube comprador.

— O jogador é o pilar mais fácil de ser convencido?

— Hoje não porque o jogador entra na internet, ou verifica porque tem um amigo que foi para um certo país, a Rússia, por exemplo, e sofreu, e depois diz não. A pergunta que eu faço é: há algum jeito de levar diretamente para a Europa o menino que você viu e que quer comprar? Tem certeza de que pode fazer isso?

— Disso eu estou certo.

— Bem, então você precisa ajustar sua porcentagem com o

clube que irá inscrevê-lo na Europa. Você leva o menino e deixa por escrito a porcentagem.

— E não seria conveniente primeiro levá-lo ao Wanderers?

— Bem, se você levá-lo ao Wanderers, precisará dar uma porcentagem de seus direitos, porque o Wanderers vai formá-lo, mostrá-lo, e você tem que ficar com uma cessão de direitos do Wanderers, onde ele reconheça a sua porcentagem. Eles assinam um termo de compromisso de que, se eles o venderem uma vez, do lucro produzido, 20% são seus e os outro 80% são deles.

— E esse documento não é necessário que seja oficializado pela FIFA, basta um registro em cartório...

— Claro, basta uma cessão de direitos do menino para você e, depois, uma cessão de direitos sua para o clube.

— Como agente e advogado, fale das práticas ruins, coisas com as quais eu devo ter um cuidado especial. Soube de quatro amigos que se juntaram para comprar um menino brasileiro e o jogador acabou morto na casa de um dos compradores, em Santiago. E também de uns meninos colombianos que foram para o Peru e, depois, ninguém cuidou deles. Há vários casos de meninos que não funcionam. Muitos africanos...

— Se o jogador não impressiona de cara, se não vinga rápido, quanto ele vale? Nada. Se ele se consagrar, quando jogar na primeira divisão, então ele terá valor. Antes disso, é difícil ele ter muito valor. Sou contra tudo isso. Conheço muitos casos de jogadores que foram abandonados na Europa. Repito que estes são investimentos de alto risco.

— A FIFA não havia proibido todas estas transações de meninos?

— Proibiu, mas os times contratam os pais e lhes dão trabalho. Feita a lei, aparece a brecha. Fora o fato de que uma coisa que não se pode restringir é a livre circulação de seres humanos pelo mundo.

— Um agente como você, quantos contratos pode fazer por ano?

— É relativo. Há semestres bons e semestres ruins. Além disso, é um negócio caro. Todas as viagens custam, todas as refeições custam, é um negócio em que custa caro permanecer. Movimentar-se ou receber alguém que venha para cá. Tudo é gasto.

— Qual seria o inimigo das transações? O pai, como no caso do Messi?

— Quando o pai se envolve é complicado.

— Então, no caso do menino que eu vou comprar, o que me recomenda é deixar tudo o mais claro e fechado com o clube, não com o menino. Não como fizeram os vários representantes com Messi, mas com o Barcelona na hora de levá-lo.

— Exatamente, porque essa boa vontade do começo logo acaba. Além do mais, as normas da FIFA estabelecem que um contrato de representação tem duração máxima de dois anos, e com o clube é algo permanente.

— E se eu ceder o meu menino ao Wanderers, deixando claro que 50% dos direitos são meus?

— Esse é um negócio possível.

— E que obrigações eu passo a ter em relação ao menino?

— Com o menino? Nenhuma... Bem, aquilo que você combinar com ele. Você, na troca da cessão de direitos, pode estabelecer uma soma mensal ao pai. Ou você pode deixar a mesma coisa, sem nada.

— É o mesmo que dizer que posso comprá-lo, ajustar com o Wanderers e esquecer dele para sempre. E, um dia, me ligam do Wanderers para dizer que o venderam para a Europa e eu levo 50%.

— O Wanderers vai vendê-lo de qualquer maneira, mas você precisa estar por perto, porque, senão, não irão avisá-lo. Isso sim. E o que não deve fazer é perder o contato com o jogador, ainda que custe 200 dólares a mais por mês. E você pode combinar outras coisas com o Wanderers. Além de ficar com 50%, determine que se ele chegar à primeira divisão, que eles deem uma soma para você e outra para o menino. E que se ele jogar quinze partidas na primeira divisão, outra soma é para você e outra para o menino. Você pode negociar essas coisas.

— Se o Milo me custar 200 dólares, eu poderia fazer isso com 40 meninos. E um representante forte poderia fazer isso com mil.

—Poderia, mas não existem mil talentos. Você precisa entender que está procurando o talento, e que os clubes também se dedicam a buscar o talento, e que há muitas pessoas buscando o talento. Porque, quando um time europeu leva um menino de doze anos, é porque havia pessoas de uma estrutura que foram vê-lo, gostaram dele e o marcaram. O que o Barcelona quer instalando-se na Argentina e procurando jovens pelo mundo todo? Quer captar meninos antes que eles entrem nos clubes.

— E você tem um jogador, entre dez e quatorze anos, que não tenha clube?

— Tenho. Vou te contar. Recebi uma ligação de um jogador que tenho no Platense e ele me disse: o melhor jogador que tenho na zona de Moreno é meu vizinho. Fui ver o garoto: um monstro. Não é só isso. Levei ao River para que o vissem: habilidade, velocidade. Eles o quiseram no River, mas, sabe o que acontece? O menino tem dez anos e o pai faleceu faz um ano, a mãe trabalha e Moreno está a uns 50 quilômetros. Eu não podia buscá-lo todos os dias. E não podia adotá-lo. Então, eu vou vê-lo; se precisam de ajuda, eu os ajudo, mas ele ainda está sem clube. Esse foi um caso pontual. Quando o vi, fiquei enlouquecido, porque o menino faz coisas diferentes, e fui ao River. Continuam me ligando do River. A ideia é que, a partir do ano que vem, o River possa pagar o colégio, pois ele estava terminando o ensino primário. Eu digo a eles que ele continue jogando, digo à mãe e que, quando ele terminar o primário, no ano que vem, eu o trago para estudar no River. Entende? No River ou em outro clube. Mas o menino é diferente. Entende?

28. O formador

A secretária disse que ele está prestes a chegar. Que eu espere, que ela ligou e que ele já está vindo, que se atrasou um pouco e que, enquanto isso, posso andar pelos diferentes campos de jogo. Em uma dessas quadras, dois times sub-14 jogam uma partida de onde saem chutes fortes, empurrões, cotoveladas, corridas curtas, passes em profundidade, cruzamentos abertos e gols. Também há pais, como sempre nesse tipo de história. Pais, mães e avós que erguem os braços aos céus em uma liturgia sempre idêntica. Essa liturgia, em que a frustração se transforma em monotonia, nessa esperança vã.

— Meu filho é o número 9, se chama Andrés e é daqui, de Guayaquil — me diz o pai do garoto, que acabara de fazer um gol.

Nisso, a secretária aparece correndo. Parece nervosa e me diz que o senhor Carlos Alejandro já chegou e está me esperando em seu escritório, no segundo andar do casarão, onde fica o departamento administrativo da Academia de Futebol Alfaro Moreno.

Carlos Alfaro Moreno nasceu na zona oeste de Buenos Aires em 1964. Jogou nas ligas inferiores do Platense, clube no qual estreou na primeira divisão da Argentina, aos dezessete anos. Dali, passou a jogar no Clube Atlético Independiente, onde ganhou o título da primeira divisão nacional. Em 1989, foi eleito Jogador do Ano, também na Argentina. Dois anos depois foi contratado pelo Espanyol de Barcelona. Jogou ali somente algumas temporadas. Voltou ao Independiente, onde foi contratado pelo Barcelona SC de Guayaquil, o time mais popular do Equador, com o qual ganhou o Campeonato Equatoriano de Futebol, em 1995 e 1997, chegando à final da Copa Libertadores em 1998. Após uma breve passagem pelo futebol mexicano, regressou ao Guayaquil, onde se aposentou do futebol em 2002.

— O Equador me deu muito. Aqui eu consegui as coisas mais importantes da minha vida. Minha esposa é equatoriana. Sou cidadão equatoriano naturalizado e aqui pude tornar realidade o sonho de ter minha própria escola de futebol — explica Alfaro Moreno, do meio de seu escritório, onde há fotos suas com Maradona, dele com a camisa do Independiente, dele com um troféu da Copa do Equador e vestindo a camisa da seleção argentina.

Quando fala da escola, custa a parar. Apodera-se da bola em seu próprio campo e começa a avançar, com habilidade e força, buscando o gol do adversário. Move as mãos, passa-as pelo cabelo eternamente castanho claro, e gesticula energicamente a cada frase. Diz que a escola começou em Guayaquil, mas que hoje está no país todo. Afirma que, em seus quase dez anos, receberam mais de 30 mil meninos equatorianos com vontade de se tornarem jogadores de futebol. Diz que alguns dos melhores jogadores viajaram para Buenos Aires, para o Centro de Treinamento de Jogadores de Futebol de Alto Rendimento, para trabalhar com Jorge Raffo.

— Daqui a dois dias, vamos realizar um grande sonho: inaugurar a primeira escola de futebol em Galápagos.

A inauguração de uma escola de futebol nas Ilhas Galápagos o entusiasma. Basta eu comentar que me interessa acompanhá-lo e ele pega o telefone e faz uma ligação para me reservar hospedagem. Alfaro Moreno é uma pessoa resoluta e sabe disso. Ele me conta como vê o desenvolvimento de um menino como jogador de futebol:

— Os meninos devem ter clareza de que a maior parte depende deles. Isto é uma soma de treinamentos. Precisam treinar, treinar, treinar. É muito importante que o menino saiba que deve ter constância no trabalho e a disciplina necessária para vencer.

Alfaro Moreno sabe que tem nas mãos uma eficiente fábrica de jogadores. Em todas as divisões inferiores do Equador, começam a surgir meninos formados em suas academias. Conta que já está em negociações avançadas com o presidente do Independiente de Avellaneda, na Argentina, para abrir ali uma escola de futebol. E já estabeleceu os primeiros contatos para abrir uma Academia de Futebol Alfaro Moreno em Nova York. Quando ele fala do projeto de Nova York, movimenta as mãos no ar como que construindo rapidamente uma marquise com o nome de sua escola em plena Times Square.

— Nós fornecíamos aos meninos roupas de uma determinada marca esportiva, até que um dia me dei conta de que precisávamos comprar camisas para mais de quinze mil garotos, e que eu teria que agir por conta própria para conseguir o melhor preço. Por isso, começamos outro negócio, que é o uso da marca esportiva AM, a roupa da Alfaro Moreno.

Na agência de viagens do hotel, a vendedora se esforça para que eu fique mais dias em Galápagos. "Essas ilhas são únicas no mundo", insiste. Explico a ela já reservei meu retorno a Buenos Aires, que não posso alterar a passagem, que vim por poucos dias a Guayaquil, que não vim a Galápagos a turismo, que a viagem surgiu de repente, que vim a negócios e preciso voltar. Mesmo ouvindo tudo isso, ela não entende que eu tenha vindo a Galápagos somente por dois dias.

— Faça a reserva para esses dois dias e amanhã eu venho pagar.

Ela pega os meus dados, pergunta o número do meu quarto no hotel e se despede, amável:

— Até amanhã, se Deus quiser.

Infelizmente, Deus não o quis.

Na manhã seguinte, um dia antes de viajar para Galápagos,

um golpe de Estado frustrado ao governo de Rafael Correa mudou o cenário. O espaço aéreo foi fechado, o trânsito na cidade foi suspenso, foi declarado estado de alerta nacional.

Em minhas andanças pela América Latina procurando por um jogador de futebol, era possível que eu enfrentasse alguma crise política, alguma derrocada. Isso era até lógico.

Presenciei o corte de transmissões do canal estatal, bem como vi o tiroteio para tirar Correa do hospital. Enquanto se desenrolava a tentativa de golpe de Estado, eu não conseguia deixar de pensar em como essa crise política estava arruinando a minha viagem e que, por culpa dos policiais que pediam aumento salarial e dos tiroteios, eu não podia conhecer os jogadores mirins das Ilhas Galápagos.

O aeroporto foi aberto dois dias depois.

O avião sai de Guayaquil, mas vai rumo a Buenos Aires. Os voos para as Ilhas Galápagos continuam suspensos. Levo comigo o contato de Alfaro Moreno e o nome de dois garotos que me recomendou um primo equatoriano do meu contato na Espanha. Infelizmente, os meninos já têm empresário.

29. O outro

Nelson Pérez está apoiado na grade, de um lado do campo de terra, assistindo a uma partida de futebol na qual joga seu filho José. Trata-se de outro fim de semana do campeonato Forjadores de Juventud no Morro Barón de Valparaíso.

— Meu filho joga desde os oito anos — fala Nelson por trás de seus óculos de sol, levantando uma garrafa de Gatorade.

— Se José continuar subindo nas categorias e um dia precisar escolher, você prefere que ele opte pelos estudos ou pelo futebol?

— Preferiria o futebol. Que continue jogando até chegar lá. Mas tem de ser o que ele quiser. O que ele quiser.

Nelson acompanha José todos os fins de semana de jogo. Acorda-o cedo e o ajuda a preparar a bolsa e, enquanto tomam café, fala a ele sobre coisas táticas. Durante a partida, fica ao lado da grade e orienta seu filho como uma espécie de treinador particular. Suba, abaixe, para cima, força, isso mesmo filho, vamos, ânimo, não, isso não, por aí não, isso sim, muito bem, José.

— E você está gerenciando os assuntos contratuais?

— Bem, estou, um pouco. Agora ele está treinando no Wanderers e no Ercilla.

— Mas de quem é seu filho?

— Como assim, de quem ele é? — pergunta Nelson, surpreso.

— De quem ele é? — repito eu.

— Meu.

— Mas já é de algum clube, não?

— Ah, meu filho pertence ao Wanderers.

— Você já assinou um documento com eles ou é só um acordo verbal?

— Bem, assinamos um contrato que dizia que o menino, se for jogar em Santiago, nós autorizamos.

— Isso é suficiente?

— Bem claro que não é um contrato, contrato mesmo. Mas já me disseram que tudo o que venha a acontecer, eles é que precisam resolver.

— Mas se eu lhe disser que podemos levar o José, que tem nove anos, para a Europa e colocá-lo em um clube de lá, eu tenho que falar com eles?

— Diretamente com o Wanderers.

— E você tem outro filho?

— Tenho outro, Matías, de dez anos. Mas ele fez teste no Wanderers e não se adaptou porque exigiam muito dele. Não gostou. Além disso, é mais lento. Mas o José é muito rápido, acho que poderá ter sucesso. Além de ser rápido, ele é mais constante. Às quintas-feiras, nós o tiramos do colégio para que treine. E ele não tem medo das exigências.

— Você nunca foi procurado por alguém que quisesse comprá-lo?

— Em um campeonato de Santiago, uma pessoa o viu e veio falar comigo, mas eu já não tenho mais nada a ver com o meu filho. Tudo o que se relaciona a ele é preciso falar direto com o Wanderers.

— Tem certeza? Se você não assinou nada.

— Foi o que me disseram no Wanderers.

Margarita Flores, minha sócia na aventura, telefonou durante a semana para me contar algumas novidades. Antes de falar da venda, de algum menino novo no clube, ela me conta que as coisas não andavam bem em sua casa, que a relação com seu marido andava "mais ou menos, sem comentários", e por último, mas não menos importante, que está triste, porque um ex-jogador do clube, que depois acabou tendo sucesso em um time importante da primeira divisão nacional, esqueceu-se deles.

Como muitos dos jogadores de Valparaíso, Carlos Muñoz tinha talento para o futebol desde pequeno. Estreou no campo de terra do Ercilla. Ali, ele passou seus cinco primeiros anos de formação, até que foi jogar no Santiago Wanderers. Faz mais de um ano que Carlos passou a jogar no Colo-Colo, da primeira divisão chilena, e desde então seu nome começou a ser mencionado em times da Alemanha e do México. De todas as transferências, o clube não obteve nenhum retorno financeiro. No Ercilla, a única coisa que querem é que Carlitos Munõz não se esqueça deles.

— Chegou aos cinco anos e foi embora aos doze. Toda uma vida — recorda Margarita Flores.

— Vocês não receberam nada pela venda dele ao Colo-Colo?

— O que acontece é que, como somos autônomos, não somos associados, parece que que não temos direito a nada.

— O time de Alexis Sánches, Arauco de Tocopilla, recebeu mais de 300 mil dólares pela venda do jogador ao Barcelona. Vocês não tentaram fazer nada?

— A verdade é que, para nós, qualquer coisa é bem-vinda. Eu disse a Carlitos que se lembrasse de nós, que o formamos. Ele veio no ano passado para uma premiação. Dessa vez, deixou-me dois números de celular, eu liguei, conversamos, mas nada de mais. Eu esperava que, depois dessa venda de mais de um milhão de dólares, ele fosse nos ajudar em algo. Mas não lembra nem um pouco do seu clube.

Entretanto, as coisas podem mudar. Segundo me disseram na Associação Nacional de Futebol Profissional (ANFP), o direito de formação pode ser cobrado por qualquer clube profissional que tenha treinado e educado um jogador a partir dos doze anos. É isso o que diz o Código de Trabalho e a normativa da FIFA. Mas como Carlos Muñoz chegou aos doze anos ao Wanderers, o Estrellas de Ercillas não receberia nenhuma parte do "bônus de formação".

De qualquer maneira, na mesma ANFP dizem que, nesse caso, existe outro direito ao qual seria possível apelar: um bônus "de solidariedade", como é conhecido. Este direito, que pode acolher todos os clubes formadores do jogador, lhe confere 5% da operação financeira realizada, sendo o cálculo dividido proporcionalmente entre aqueles que o tenham formado segundo o tempo da formação. Dessa maneira, o Estrellas de Ercilla deveria receber, ou pelo menos dividir com o Wanderers, cerca de 75 mil dólares referentes à transferência de um milhão e meio.

Ou, pelo menos, teria direito a reclamar esse valor.

As histórias aparentemente exageradas com as quais me deparei enquanto escrevia este livro apenas demonstram o lado grotesco do mundo do futebol, dos negócios e das contratações; a maneira como se desvirtua o esporte, chegando a tocar na pornografia, incluindo o ângulo do ponto de vista de um consumidor de pornô. Não é necessário ser especialmente moralista para se surpreender diante da permissividade que assola o mercado nestes tempos de capitalismo financeiro.

Baerk van der Meij, um bebê de dezoito meses, foi registrado por um clube de futebol da primeira divisão na Holanda. Os dirigentes do Venlose Voetbal Vereniging Venlo souberam das suas destrezas por um vídeo colocado na internet, convidaram-no a fazer um teste em seu estádio e, depois, ofereceram um contrato aos pais do garoto.

Mas também presenciei histórias daquelas que fazem qualquer um crer no azar. A de hoje segue este caminho.

Eu estava decidido a usar o Google. Continuava sem ter mais notícias sobre o registro de C.L.01; Margarita Flores, de Valparaíso, sempre respondia às ligações dizendo que ainda não tinha novidades do menino jogador. Entretanto, seguindo os conselhos de um agente da FIFA com trinta anos no negócio, continuei trabalhando como se C.L.01 já estivesse registrado e fosse meu.

Pesquisei na internet "jogadores mirins de Valparaíso".

A primeira entrada, com data de 18 de janeiro de 2012, dizia: "Camilo Leiton, com somente nove anos, está na mira do Zaragoza".

Continuei procurando e encontrei o seguinte:

CAMILO LEITON: O FUTURO CRAQUE DE "LA ROJA"
Valparaíso, quarta-feira, 10 de fevereiro de 2010

Sete anos de idade tem Camilo Leiton Aros, um menino chileno que até dois anos atrás morava em Valparaíso. Desde então, mora na Espanha, na comunidade de Aragão e, mais especificamente, na província de Zaragoza, onde também joga e mora Humberto "Chupeta" Suazo.

O que mais atrai em Camilo é que, de fato, ele é doido pela bola. No Youtube existem vários vídeos que mostram suas façanhas, entras as quais há dribles, enganches, fintas e bicicletas, todos feitos com uma bola de futebol que parecia chegar até os joelhos.

Quase dois meses atrás, em dezembro, participou de um torneio de Natal em Aragão, com mais de uma centena de crianças e foi eleito o melhor jogador.

Notável.

Talento precoce

Aos sete anos, Camilo já está na mira de vários clubes, segundo garante seu pai, Danny Leiton.

"Ele (Camilo) atualmente joga na Unión Deportiva Amistad e o coordenador desportivo me disse que há vários times interessados e que o Zaragoza, por certo, vai querer levá-lo quando ele completar nove anos", conta, feliz, Danny que, nessa época, experimenta com sua esposa Macarena e Camilo o frio europeu e recorda com nostalgia seus dias nas montanhas de Las Cañas. Nem tudo foi fácil na Europa, a chegada da família chilena a terras do velho continente é resultado da necessidade de obter novas oportunidades que até aquele momento não se apresentaram.

Entretanto, a situação mudou um pouco; as opções de um bom futuro previstas para Camilo em clubes, assim que ele completar nove anos, fizeram renascer as esperanças dos pais. Deu-lhes a coragem e energia para lutar contra a adversidade que leva uma pessoa a fazer um nome na Mãe Pátria sempre complicada, uma terra que abriga muitos imigrantes, mas que registra, por sua vez, altos níveis de racismo e discriminação.

Uma semana depois de encontrá-lo pela internet, falei pela primeira vez com o pai de Camilo Leitão, que estava em Zaragoza.

— Alô, Danny, estou telefonando pelo seguinte: estou fazendo um livro sobre meninos que jogam futebol e encontrei na internet vídeos e entrevistas com Camilo no Zaragoza.

— Sim, sim, claro. Tomara que continue assim.

— Quando você percebeu que ele era um jogador diferente?

— Agora ele tem dez anos, mas aos cinco notamos que era diferente, que fazia coisas inatas. Já naquela época começou a fazer coisas sem ninguém ensinar. Não eram coisas que ele havia visto na televisão, eram coisas inatas.

— E alguma vez alguém o procurou para falar do menino? Para comprá-lo ou algo parecido?

— Sim, sim, pode ser que aconteça algo nesse sentido, mas nesse momento, nada está confirmado. O Zaragoza, o time de futebol daqui, está em uma situação financeira e esportiva bem difícil. O mais certo, porque começam a selecionar os meninos a partir dos dez anos, é que o levem. Mas dependerá de o clube concretizar a venda. Por enquanto não temos nada confirmado. Há boatos de que a categoria de dez anos possa desaparecer, e seria necessário esperar mais tempo.

— Mas você acredita que convém um contrato com um clube? Não seria, talvez, mais conveniente vender o passe do garoto a alguém que o faça evoluir?

— A questão não é a venda do menino... o que acontece é

que há representantes que podem levá-lo e orientá-lo, mas sem fins lucrativos.

— Sem fins lucrativos?

— Claro; ou seja, o representante faz os contatos para você, mas o negócio do representante é futuro, quando o menino for mais velho.

— Bem, um dos motivos da minha ligação é esse. Estou fazendo um livro sobre o assunto e tenho a ideia de comprar um menino. Vi um garoto em Valparaíso, na região de Barón, onde é realizada a liga dos Forjadores de Juventud. Lá, eu conheci um que me interessa muito, que é bom e atacante. Tem onze anos. Minha ideia é levá-lo para a Espanha, para uns contatos que eu tenho lá.

— Entendi.

— Bem, achei interessante falar com você e perguntar algumas coisas. Por que não voltou? Por que o menino estava jogando?

— Não, não viemos por causa dele. Mas é verdade que agora estamos aqui por ele.

— Ou seja, se não fosse por ele, já teria voltado.

— Claro.

— E tem alguma ideia de quanto vale hoje o passe do menino?

— Não, porque, como eu disse, pelo que sei, o dinheiro não é capaz de fazer essa roda andar enquanto o menino não tiver idade. Isso é o que me disseram.

Disse a ele que meu contato pode se interessar por seu filho, que talvez eu telefone, que me parece que estamos de frente com um craque em potencial. Por fim, peço que ponha seu filho ao telefone, pois quero fazer uma breve entrevista:

— Olá, Camilo.

— Olá.

— Como se chama o clube em que está jogando agora?

— Santo Domingo Juventud.

— Em que posição?

— Meio de campo.

— Quem é o seu ídolo nos esportes?

— O "Mago" Valdivia.

— Em que time você gostaria de jogar?

— No Barcelona.

— O que gostaria de fazer com seu primeiro salário no Barcelona?

— Pagar coisas para meus pais.

— O que você mais gosta de fazer no jogo?

— Fazer passes, sou mais do tipo que passa. Isso é o que eu mais gosto.

— E o que você não gosta de fazer em relação ao jogo? De se machucar, de ter de levantar cedo?

— Mmm... De perder.

— Quer ser jogador de futebol quando crescer?

— Quero, quero ser jogador de futebol.

Danny é das montanhas de Las Cañas. Com sua esposa e Camilo, com nove meses, viajaram de Valparaíso para Barcelona em 2002. Em 2004, regressaram a Valparaíso e, em 2005, voltaram a morar na Espanha, em Zaragoza. Atualmente, Danny trabalha como entregador. Mantém várias páginas da internet nas quais promove o filho. A crise complicou tudo.

Telefono para o meu contato na Espanha. Ele me diz que eu mande todas as informações que possa reunir sobre C.L.01 e Camilo Leiton. Fala que a crise na Espanha está piorando cada vez mais e que devemos começar a nos apressar.

30. O italiano

Brescia é uma cidade tranquila, situada ao pé das montanhas da Lombardia, no norte da Itália. Tem aproximadamente 200 mil habitantes e um time de futebol que foi fundado há mais de um século, o Brescia Calcio. Em todo esse tempo, o Brescia passou mais de cinquenta temporadas na série B, um recorde no futebol italiano, e não conseguiu grandes títulos: sua conquista mais importante foi o vice-campeonato da Copa Intertoto, um torneio para clubes que não haviam obtido classificação na Champions nem na UEFA e que durou até 2008.

Há quem ainda recorde o dia 14 de outubro de 2001 como o dia em que o clube anunciou a contratação de um jogador catalão que acabara de abandonar, em meio a polêmicas, uma longa carreira no Barcelona. Era um rapaz magro chamado Josep Guardiola.

As fotos da chegada de Pep à cidade o retratam alegre, cumprimentando com os braços erguidos. Nelas, aparecem também jovens das divisões menores do clube. Ele posa com eles. Nota-se que muitos desses iniciantes, que não têm mais de catorze anos, vêm de outras partes do mundo.

Anos mais tarde, Pep protagonizaria um anúncio de televisão em busca de novos talentos pelo mundo todo. Mas agora, antes de se tornar o treinador do melhor Barcelona da história, Guardiola posa nas fotos com meninos procedentes de países da África, da América Latina e do leste europeu para jogar no mesmo campo em que, pouco tempo depois, viria a tentar a sorte o jovem Nelson Bustamante.

Nelson era um menino pobre que, aos doze anos, usava seu

talento para ganhar dinheiro rápido. Dinheiro vivo. Todos os dias, ficava durante várias horas em algum semáforo de Santiago, no Chile, e fazia malabarismos com uma bola de futebol. Assim, juntava o dinheiro que levaria para casa. E até que saía bem com os motoristas. Sua destreza com a bola era tal que o menino começou a ter um público cativo. Foi assim que, um dia, ocorreu o que era esperado. Um dos motoristas que passava por ali não apenas era homem de negócios, mas tinha um contato para levar jogadores mirins para a Itália.

Dizem que o empresário e seu contato venderam Nelson ao Brescia por aproximadamente 300 mil dólares. Dizem que o ofereceram como o novo Messi, recém-saído da rua; que Nelson tinha um metro e meio de altura; que aqueles que o viram nos semáforos disseram que ninguém dava piruetas como ele. Fato é que Nelson, com menos de catorze anos, foi morar sozinho na agradável cidade de Brescia.

Uma das pessoas que aguardavam a chegada de Nelson à Itália era o ex-jogador de futebol chileno Frank Lobos. A mesma pessoa que me recomendaram como contato com o futebol italiano.

— Alô?

— Alô, Frank Lobos?

— Sou eu. Quem fala?

— Olá, meu nome é Juan Pablo Meneses, sou jornalista e gostaria de saber se poderíamos marcar uma entrevista. O assunto seria Nelson Bustamante.

— O que aconteceu com Nelson?

— O Nelson está no Chile?

— Não, já está na Itália. Está em Bolonha.

— Bem, gostaria de saber se poderíamos marcar uma entrevista porque, além da entrevista, tenho em vista um menino de Valparaíso que é muito bom e que poderia jogar na Itália.

— Bem, me ligue na semana que vem.

Uma vez instalado no Brescia, Nelson Bustamante compartilhou o internato com africanos e meninos do leste europeu. Jogava bem nos treinos, mas nunca conseguiu se firmar como titular do time. Conseguiu "sair", mas não conseguiu "chegar"lá. Nelson ficou preso no limiar entre "sair" e "chegar".

O "Messi chileno", como havia sido oferecido na Itália, continuou jogando como promessa no Brescia até os dezoito anos. Exceto pelas viagens que precisava fazer ao Chile de tempos em tempos para renovação de seu visto, Nelson passou a adolescência confinado nas dependências do clube com um grupo de 22 jogadores de diferentes partes do mundo que, como ele, talvez fossem titulares uma dia.

Se para nós que queremos comprar um jogador e revendê-lo na Europa, a história termina com o contrato, a transferência, o dinheiro e a viagem final, para o menino jogador a história acaba de começar. Os treinos, diz Nelson, não são somente uma guerra no campo. Fora dele, o combate é duro. À condição de imigrante, soma-se a idade, o desconhecimento do idioma, a distância da família e a sede de vitória, de chegar ao topo, de voltar ao bairro com uma boa condição e dinheiro vivo para comprar as coisas às quais nunca teve acesso. Trata-se de lutar por algo que vai além da bola, ou um chute a gol ou um lançamento em profundidade. Lutar para ganhar a vida, para não afundar.

Nelson acabou fechando contrato com o Bolonha para jogar na categoria Primavera. Continua morando longe de sua família e, embora ainda não tenha encontrado o que procurava, sabe que está fazendo algo para consegui-lo.

Quando tinha dezesseis anos, Frank Lobos (o contato que levou Nelson à Itália) já era um dos jogadores de futebol mais famosos do Chile. Junto com a seleção chilena, havia conquistado o terceiro lugar na Copa Mundial Sub-17 do Japão, e seu retorno a um país sem grandes vitórias esportivas o elevou à categoria de herói. Gravou vários anúncios publicitários, foi jurado do famoso festival da canção de Viña del Mar e atuou em uma novela de televisão.

Na Copa Mundial Sub-20 do Qatar, em 1995, quando ainda era jogador, Lobos estabeleceu relações com uma rede de apostas. Onze anos mais tarde, o tribunal disciplinar da ANFP o sentenciou a dez anos sem exercer atividades vinculadas ao futebol, depois de julgá-lo culpado de tentativa de suborno. Segundo o tribunal, Lobos havia oferecido a jogadores de diferentes times aproximadamente 20 mil euros provenientes daquela rede para que perdessem partidas do Torneio Clausura do campeonato chileno.

No número 254 da revista chilena *Capital*, correspondente à quinzena de 12 a 25 de junho de 2009, os jornalistas Nicolás Vial e Federico Willoughby escreveram a respeito dos representantes e das transferências de jogadores:

> Mais grave é o caso do ex-jogador Frank Lobos e do clube Lota Schwager. "Ele veio uma vez ver um jogo, gostou de um de nossos jogadores, falou com o pai dele e o levaram. Quero dizer que o levaram no sentido literal, colocaram-no dentro de um ônibus e o levaram a Santiago para jogar em um clube amador e depois vendê-lo em outro país. Passaram a levá-lo ao clube e encheram a família do jogador de promessas, foi um tipo de sequestro legal de nosso patrimônio", queixou-se Óscar Solís, gerente de operações do Lota Schwager.

Ao fim de vários meses em que não respondia nem dava desculpas para não retornar a ligação, voltamos a nos falar:

— Mas, por que você quer uma reunião? — perguntou-me Frank Lobos, que voltava de alguns testes para conseguir seu título de técnico de futebol.

— Como já lhe disse, a ideia é que me ajude a colocar um menino na Itália. É um garoto de Valparaíso. Acontece que estou escrevendo um livro sobre como comprar e vender um menino latino-americano na Europa e seu testemunho muito me interessa.

31. A obsessão

O Fútbol Club Barcelona se transformou em uma grande obsessão para os jogadores mirins da América Latina.

O Barça também virou obsessão dos torcedores. E o Camp Nou, onde fica a sede do clube, proporciona um panorama turístico de escala global. Por isso, todos os dias há *tours* e turistas de meio mundo fotografando a sala de troféus e percorrendo os corredores que vão para o campo. É possível vê-los pisar o gramado sem jogadores, olhar as milhares de cadeiras azuis e vermelhas nas quais não há ninguém sentado, passear pela pequena capela ao lado dos vestiários ou na área da imprensa onde, nos dias de *tour*, não há locutores.

Nos dias de jogo, esse quadro é muito diferente. Ver o Barcelona jogar transformou-se em um tipo de liturgia do sucesso. Durante e depois da era Pep Guardiola, o Barça se converteu em um dos times com mais títulos da história do futebol, somando, quase com displicência, várias Ligas espanholas, Ligas dos Campeões da Europa, Copas do Rei e Copas Mundiais de Clubes.

As entradas se esgotam com dias de antecedência. Os japoneses, vestidos com a camisa do Messi, são os primeiros a aparecer. Juntos com eles, fiéis de metade do planeta chegam em busca de alimento espiritual, liturgia dos torcedores do Barcelona.

O Camp Nou é a Meca de uma religião industrial à qual também peregrinam os pobres: os meninos africanos, americanos e inclusive europeus que gostam de correr atrás de uma bola. Aqueles que, estejam em Lima, Cali, Valparaíso, Rosário ou Guadalajara, se imaginam entrando no Camp Nou com os braços erguidos e saudando toda a torcida do Barcelona.

Ali, eles são esperados por La Masia e o complexo de trabalho das divisões menores do Barcelona, e o treinamento é duro para que possa gerar bons contratos. Em resumo, a fábrica do Barcelona e a matéria de excelência trazida de diferentes maneiras e de diferentes continentes.

La Masia de Can Planes foi, até bem pouco tempo, a residência dos talentos do Barcelona. A casa é grande e fria, de pedra. Foi construída em 1702 e, desde 1979 abrigou as novas promessas do time. Aqui viveram e se formaram emblemas do time como Guardiola, De la Peña, Puyol, Xavi, Cesc Fàbregas, Víctor Valdés, Sergio Busquets e Messi. Mas também centenas de meninos que nunca chegaram a se consolidar, embora tenham jogado algumas partidas. Além disso, outros milhares que nem sequer conseguiram se acostumar à casa, às brincadeiras dos companheiros, aos grupos fechados, às surras de noite, às panelinhas, aos líderes, aos bandos, aos códigos de reformatório juvenil que são impostos em todo o sistema, do Primeiro Mundo ou do Terceiro, de onde se briga por uma parte à qual poucos chegam e a sobrevivência consiste em algo mais do que fazer um bom passe ou cabecear de fora da área para marcar um gol.

O edifício da velha Masia tem dois andares e 610 metros quadrados de construção. Até a transferência dos novatos à nova sede, alojavam-se ali 60 meninos. Hoje em dia, continua como naquela época: há uma cozinha, refeitório, sala de estar, biblioteca, administração, lavabos, duchas e quatro grandes dormitórios.

— Esqueça o Barcelona. Esqueça que seja possível colocar alguém lá, isso é impossível. Eles *são* o negócio — me avisa o empresário, meu contato na Espanha, aquele que desde sempre me advertiu de que tentássemos primeiro com times pequenos.

Se tivermos sorte, diz ele, vamos colocá-lo na segunda ou terceira divisão.

A presença do Barcelona no negócio dos jovens jogadores do Terceiro Mundo é cada vez mais forte. La Masia já não é o que era. Longe do espírito do antigo centro de formação, localizado neste casarão senhorial onde a maioria era de meninos catalães que sonhavam em se tornar o novo Cruyff, hoje as novas instalações são bem maiores e mais confortáveis para alojar os novos imigrantes. Ali eles são tratados com rigor mecânico, como futuras peças do motor desse carro de Fórmula 1 que agora é o Barcelona.

A máquina cresceu tanto nos últimos anos que já não basta trazer os melhores projetos para alimentá-la. A indústria dos jogadores de futebol, como qualquer atividade financeira, depende da moda, da lógica de reposição. Por isso, deve inventar, gerar e produzir novos nomes de maneira rápida e sistemática.

Um dos planos mais ambiciosos para acelerar a chegada de novas figuras foi conduzido na Argentina: a parceria entre o Barcelona e o Boca Juniors. Em março de 2012, os dois clubes chegaram a um acordo para a formação dos jogadores em La Candela, sede do Boca em Buenos Aires.

Oficialmente, o Barça anunciou que o Boca Juniors contaria com "a estrutura e os recursos humanos do Barcelona para instruir seus treinadores com o objetivo de transmitir toda a sua filosofia e forma de trabalho no desenvolvimento do futebol juvenil". A ideia é compartilhar os novos talentos que venham a surgir no Boca. O Barça se reserva os direitos sobre mais de 300 jogadores formados desde 2006 e, até este momento, em seu projeto anterior com o Centro de Treinamento para Jogadores de Futebol de Alto Rendimento e que, entre outras coisas, levou à criação do FC Barcelona Juniors Luján.

Esses 300 novatos atualmente jogam e se projetam em diferentes times argentinos. E alguns começam a estrear em times de outros países da América Latina e da Europa. Mas, com independência em relação ao time em que eles venham a jogar, continuam sendo do Barcelona, que ainda os forma, mesmo que não conheçam La Masia nem por fotografias.

Em resumo, o mesmo experimento deste livro, porém multiplicado por 300 somente na Argentina.

O Barcelona, como um gigante captador de jogadores. O Barcelona como a profissionalização do recrutamento de jovens jogadores. O Barcelona como ímã de sonhos. O Barcelona como formador de heróis. Barcelona, a cidade, como ilusão de tantos latino-americanos. O Barcelona de sempre.

32. A família

Por vários dias acerto contas com o empresário espanhol, que me envia uma lista de despesas básicas.

Duas passagens de avião em oferta para a Espanha: 3 mil dólares.

Refeições e traslados durante as três semanas de testes: 500 dólares.

Hospedagem: ele me diz que é possível conseguir algo por 20 dólares por dia.

Seguro: 40 dólares.

Roupa para viajar e apresentar-se: 100 dólares.

Vários gastos operacionais: 500 dólares.

Ao terminar a lista, diz:

— Não vai custar menos de 10 mil dólares no primeiro mês. Eu não quero pagar isso.

— Nem eu — respondo.

— Por isso, precisa trazê-lo vendido ou negociado. Pelo menos por 20 mil dólares — diz ele com voz agitada, como se viesse escapando da crise econômica.

O empresário diz que ele se encarrega de tudo depois que tiver o menino, que já está trabalhando no que falta na Espanha. É preciso pensar em um vídeo, procurar outras formas de promovê-lo, tentar montar um site na internet e, a peça-chave do negócio, fechar o contrato com algum familiar.

As famílias são mais importantes do que seria desejável. Essa frase psicanalítica também se aplica, é claro, aos pequenos jogadores.

Alexis Sánchez, o único chileno que realizou essa fantasia quase pornográfica de ser contratado pelo Barcelona, nunca se esquece da família, que mora em Tocopilla, uma cidade portuária no meio do deserto do Chile. Tocopilla foi território boliviano até o exército chileno ocupá-la em 1879. Rodeada de dunas e areia, hoje a cidade é conhecida porque nela nasceu e cresceu Alexis, além do alto grau de contaminação do ar.

As ruas de Tocopilla estão sempre cobertas com a areia do deserto, que tinge tudo de um amarelo desbotado e resseca a paisagem, ainda que a cidade esteja próxima ao mar. Quando alguém pergunta onde Alexis morava, o taxista entra em um bairro de casas carentes, esmagadas por um sol pesado. Uma ao lado da outra, sem cores que diferenciem umas das outras, a má qualidade das construções transforma bairros inteiros em uma única grande moradia monocromática, de onde os meninos saem para jogar sua eterna partida de futebol. Elas têm ferros expostos, cabos pendurados, ladrilhos rachados, tetos fofos com calhas nas quais nunca circulou água da chuva. Uma visão desértica até que, de repente, no meio daquela terra interminável com portas e janelas, surge uma casa muito diferente: um casarão azul de dois andares, grande, de construção sólida. A casa mais famosa de Tocopilla. Alexis Sánches a mandou construir quanto fez sucesso na Europa. O orgulho de sua família e seu bairro. É parada obrigatória para os poucos turistas que se aventuram por essas bandas.

Todos os Natais, Sánches cruza o Atlântico para voltar ao seu deserto, seu bairro, sua casa azul, e lá organiza uma festa. O atacante se veste de Papai Noel e sai para distribuir presentes pelo bairro. É sempre acompanhado de seus familiares, um clã de mais de vinte pessoas com quem ele passa as férias no Chile. Com eles, costuma fechar-se em um luxuoso hotel de Antofagasta, a capital da região. Lá, no melhor cinco estrelas da região, pedem ao serviço de quarto todos os frangos com batatas fritas e pizzas possíveis. Brincam de corrida nos corredores, se jogam todos juntos na piscina e, à noite, vão ao circo ou ao shopping center. A mesma rotina familiar dos últimos anos. O sonho realizado, talvez, do menino pobre do norte que um dia sonhou em "sair" de tudo isso para retornar depois de ter "chegado" lá.

Em Tocopilla, todos têm orgulho de Alexis, embora também conheçam as histórias de sua família. Tempos depois de minha visita, a polícia de investigações da cidade deteve uma prima de Sánchez pelo delito de "receptação em flagrante". Em sua casa encontraram um televisor de 50 polegadas, cuja queixa de roubo havia sido registrada. A polícia apurou que a prima do jogador oferecera sua casa para guardar a mercadoria. No dia seguinte à detenção, o irmão e o cunhado de Alexis Sánchez surraram o jornalista do jornal *La Estrella de Tocopilla* que havia noticiado o fato.

No dia seguinte ao ocorrido, *La Estrella de Tocopilla* publicou:

Depois das dez da manhã, familiares do jogador do Barcelona apareceram no edifício onde funciona a redação do diário. "Chegou a irmã de Alexis, Marjorie Delaigue Sánchez, junto com seu marido, Javiers Encalada, para pedir explicações pela publicação. Eu os atendi e expliquei as circunstâncias em que a informação foi obtida, e fiquei tranquilo, sem saber que avançariam contra meu carro", observou Alejandro Rondón, o jornalista agredido.

Os familiares de jogadores mirins às vezes se enfurecem. Às vezes com razão.

Há alguns meses, na cidade chilena de Arica, um grupo de pais dos jogadores sub-15 de San Marcos de Arica tentou agredir o treinador do time sob a alegação de assédio aos meninos.

Isso ocorreu na saída do tribunal de garantia da cidade, ao término da queixa por atentado ao pudor contra o treinador, que, através do Facebook, teria pedido "favores sexuais" aos meninos do time em troca de colocá-los para jogar como titulares e, assim, garantir o progresso de suas carreiras esportivas.

Outras vezes, acontece o inverso. Outras vezes é o jogador que se preocupa com sua família, como é o caso de Alexis Sánchez.

Em Tocopilla, contaram-me que, assim que começou a ganhar dinheiro, Alexis deu um presente especial para a mãe. Ela era conhecida no bairro por sua paixão pelas máquinas caça-níqueis. E Alexis era um bom filho, de forma que, para que sua mãe não se expusesse jogando fora de casa, ele comprou algumas máquinas para que ela jogasse na tranquilidade do lar.

Essa tranquilidade da mãe tranquilizava o filho.

Morar longe da família é um dos principais problemas da carreira de um menino jogador. Quando alcançam o sucesso, muitos decidem levar seus familiares para perto de si. Geralmente por turnos ou temporadas: um tempo o irmão, outro mês a mãe, outras semanas os amigos. Às vezes, todos juntos. Claro que nesta história, os jogadores de sucesso estão em menor número. Espero que o protagonista deste livro seja um deles.

33. O tesouro

Três semanas antes de chegar a Guadalajara, México, comecei a preparação para entrevistar Junior João Malec, de doze anos. Filho de mãe mexicana e pai camaronês, Malec se transformou em uma nova joia infantil do popular time mexicano de Chivas de Guadalajara. Malec é meia-esquerda e tem ousadia, desenvoltura, gingado, ritmo, força, ataque, artimanhas, faro, velocidade, entrega, temperamento, vontade. Mas também tem um representante, uma ordem do clube para não dar entrevistas, um acordo de miniestrela, proibição de jogar fora do Chivas e um futuro marcado de perto por todos os treinadores das divisões inferiores, o que no México é chamado de "forças básicas" do clube.

Nas fotos, é possível vê-lo com sua camisa alvirrubra, um mulato sorridente com jeito de jogador de futebol. Seus companheiros o chamam de "Kalusha", e seus pais sabem que torcer o tornozelo, um passo em falso, um acidente doméstico, qualquer fato casual pode tirá-lo da carreira e deixá-lo longe da fortuna, como acontece com os puros-sangues.

Está explicado o extremo cuidado com que o tratam. Seus representantes acreditam que qualquer desconhecido, qualquer um que queira entrevistá-lo ou falar com ele é, potencialmente, um espião de clubes europeus. Todos sabem que Malec tem passaporte francês, porque seu pai, Jean Malec, jogou na França. Nesta indústria, um latino-americano com passaporte europeu avança várias casas no tabuleiro desse jogo.

— Ele é muito vigiado. Você não vai conseguir a entrevista.

Eles não querem falar com ninguém — diz o jornalista Jesús Hernández, da seção de esportes do jornal *Milenio*, assim que vem me pegar no hotel Guadalajara Expo Plaza.

Entramos em seu carro. Ele me faz escutar *narcocorridos*[1] enquanto me conta que o caso de Malec não é o único com superproteção dos meninos do Chivas. É comum, conta, que alguns pais levem seus filhos de carro até os treinos e que estacionem quase no campo para que os meninos não pisem fora do gramado. Uma maneira artesanal de reduzir os riscos.

Saímos da cidade à procura de meninos mexicanos. A escola oficial de Atlas fica nos arredores (em Guadalajara, é possível encontrar lugares de nomes mais familiares. Existe um campo chamado Bernabéu, outro que se chama Maracaná e outro que se chama Centenário).

Neste sábado, há jogos das divisões menores. Entre os pais que estão lá incentivando os filhos nesta manhã de Guadalajara está Efraín Barba. Efraín é farmacêutico e trabalha em um estabelecimento no centro de Guadalajara. Está aqui para acompanhar seu filho de nove anos.

Efraín diz que não quer pressioná-lo, mas lhe dirige gritos durante toda a partida. Quando lhe digo que estou observando meninos, ele me diz que não se mudaria para a Cidade do México para seu filho treinar no América. E que também não gostaria que seu filho fosse contratado pelo Chivas ainda tão novo. Afirma que, primeiro, o menino precisa se desenvolver aqui.

— E para a Europa? Você não iria com ele para a Europa?

— Ah, bom, aí eu iria.

Digo a Efraín que estou preparando um livro, que a minha ideia é comprar um menino latino-americano, e que o filho dele tem bastante talento. Há alguns minutos, ele fez uma jogada

---

[1] *Narcocorrido* é um subgênero musical que se escuta especialmente no México e sul dos Estados Unidos. Suas letras geralmente tratam de pessoas e acontecimentos relacionados ao tráfico de drogas. (N.T.)

de decidir campeonato, passando por três oponentes maiores do que ele e lançando um chute de esquerda que explode em uma das traves e por pouco não termina em gol.

Ele me dá seu endereço de e-mail e pede que eu escreva na semana seguinte com uma proposta concreta.

Além de procurar pela história de Junior Joao Malec e algum jogador mexicano, como o filho de Efraín, estou na capital de Jalisco para ir à Feira Internacional do Livro de Guadalajara, a mais importante do mundo hispânico e onde participarei do Encontro Internacional de Jornalistas.

Lá, eu converso com Óscar Camacho, finalista do Prêmio Nacional de Jornalismo em 2001, coautor de *La victoria que no fue* (Grijalbo, 2006) e antigo diretor do semanário *emeequis*. Óscar também trabalhou como repórter no *La Jornada*, na seção de política, e foi um dos fundadores e chefe de redação do *Milenio Semanal* e *Milenio Diário*. No entanto, há um dado que torna sua biografia ainda mais interessante: Óscar jogou nos times de base do Cruz Azul, um dos clubes mais importantes do México.

Mesmo sendo agora um jornalista de renome, continua sendo um jogador mirim anônimo. Sonhou em "sair" e nunca "chegou" lá.

Quando conto a ele sobre o livro, as cidades que percorri e tudo o que vi, ele se entusiasma. O rum, a tequila, o uísque, as jornalistas dançando, a festa, o barulho, os brindes e os repórteres contando suas últimas aventuras, as gargalhadas e a rumba da FIL parecem não ter importância. Como se estivesse vendo a si mesmo no campo de futebol onde sonhou ser jogador da equipe principal do Cruz Azul, Óscar levanta a voz acima do som da festa para contar:

— Houve várias coisas que me prejudicaram. Primeiro, eu ia sozinho, não ia com meu pai, e isso faz uma diferença muito grande. Em segundo lugar, eu não conhecia ninguém, não tinha contatos. Em terceiro lugar, eu apanhava demais. Eu lhe digo por experiência própria que, nas carreiras dos jogadores mirins, acontecem três coisas: há muita corrupção, muito nepotismo e muita violência.

Ninguém na festa parece se interessar muito por essas histórias do ex-jogador de futebol. Alguns dos que passam fazem brincadeiras e me oferecem outro uísque.

Falando da experiência mexicana, Óscar garante que a corrupção é grande porque os pais subornam o treinador para que seus filhos continuem e joguem. Eles os incentivam, pressionam, compram. O nepotismo, continua ele, porque a família sempre anda mais rápido: os irmãos ou os filhos dos jogadores. Os filhos ou os netos dos dirigentes. Os sobrinhos ou os filhos do treinador. Eles avançam acelerados, empurrados. E violência, porque os meninos, os grupos de meninos que são amigos porque seus pais são amigos e porque conhecem o treinador e têm acordos com ele, dentro do campo se unem como uma máfia para bater naqueles que não fazem parte do grupo.

— E vinham direto no meu joelho nos treinos. Para me quebrar. Para me quebrar! — grita Óscar, para que eu consiga ouvi-lo no meio da festa, e movimenta os braços mostrando uma entrada violenta de um menino que quer tirar um adversário do campo.

Tomo nota. "Problemas para o desenvolvimento de um menino no México: corrupção, nepotismo e violência."

Dali a pouco, depois de relembrar novos pontapés, recorda os bons momentos. A alegria que tinha em jogar, como se sentia bem ao vestir a camisa do Cruz Azul, a esperança que sentia cada vez que entrava em campo, os sonhos de vencer, de chegar, de ser jogador profissional. E disse tudo isso com uma alegria que chega a parecer que não voltou a vivenciar.

Quem foi um menino jogador, nunca deixa de ser.

34. O criminoso

Os times de base do Clube América do México treinam todos os dias da semana. As instalações das divisões inferiores ficam em um canto do estádio do América, onde os meninos, vindos de todo o país, passam seu tempo; sonhando em chegar à divisão adulta, ao time de honra, o histórico, o campeão, em dar entrevistas aos jornais esportivos mexicanos e se concentrar antes da partida, bem como em fazer gols no Estádio Azteca diante da torcida mais numerosa do México.

Em 25 de janeiro de 2010, os meninos da escola de futebol do América tiveram uma conversa especial com seus treinadores. Além das notícias habituais da violência no México, dos sequestros e dos assassinatos pela guerra do narcotráfico, havia uma novidade. Na noite anterior, haviam baleado na cabeça o goleador e estrela do América, o paraguaio Salvador Cabañas, o ídolo de muitos desses jovenzinhos.

Michel Bauer, presidente do clube, havia confirmado a notícia. Segundo ele, o disparo ocorrera durante o assalto ao Bar o Bar, que fica na avenida Insurgentes Sur, no Distrito Federal do México.

Cabañas havia jogado dois dias antes, no encontro entre o Morelia e o América, duelo que as Águias perderam por 2 a 0. O procurador da Justiça do Distrito Federal, Miguel Ángel Mancera, informou que o projétil "entrou pela testa e ainda se encontrava no corpo do jogador na hora da morte".

Com o tempo, esta primeira versão dos acontecimentos começou a se transformar. O que, de início, eram apenas boatos, acabou por se comprovar: o incidente estava indiretamente relacionado ao narcotráfico e o principal suspeito se chamava Balderas Garza.

Meses depois do incidente, a mídia mexicana anunciava a captura do chefão do tráfico de drogas Édgar Valdez, conhecido como "la Barbie". Segundo as declarações de Valdez, Balderas Garza, conhecido como "el J.J.", e Cabanãs eram amigos, mas na madrugada dos acontecimentos, tiveram uma discussão que terminou com o paraguaio ferido no chão do bar.

Um ano mais tarde, J.J. era capturado na colônia Bosques de las Lomas, no Distrito Federal, junto com seis outras pessoas, entre elas sua mulher, a modelo colombiana Juliana Sossa Toro, ex-Miss Antioquia. Durante a prisão, foi apreendida uma grande quantidade de armas e drogas, mais de um milhão de pesos mexicanos, 50 mil dólares e vários telefones por satélite. Balderas, de 34 anos, era um dos homens de confiança de Édgar Valdez.

Mas levar um tiro na cabeça não é prerrogativa dos grandes goleadores do América nem de qualquer outro clube importante da Liga mexicana. Muitas vezes, mais do que se pode acreditar, os jogadores mirins do México veem as balas de perto. E isso talvez ajude a formar-lhes o caráter para que joguem melhor em campo.

Cidade de Juárez, Chihuahua
14 de julho de 2011

Jovens que jogavam futebol nos campos da colônia Infonavit Casas Grandes, em Ciudad Juárez, foram atacados por um grupo de homens armados, provocando a morte de quatro deles e outros quatro ficaram feridos, informou nesta quarta-feira a polícia municipal. As primeiras versões policiais indicam que os agressores vieram em um carro pequeno e, sem dizer qualquer palavra, atiraram contra os jovens entre 18 e 25 anos, que jogavam nos campos do local.

25 de janeiro de 2011

Um total de sete jogadores de futebol fanáticos faleceram no domingo, assassinados, em Ciudad Juárez, enquanto jogavam uma partida de futebol, segundo foi informado pelo Procurador Geral do Estado. Entre os mortos, há um menino de onze anos. Outros dois jogadores estão hospitalizados. Os fatos ocorreram quando vários indivíduos armados chegaram ao campo de futebol, situado em um bairro humilde da cidade, ameaçaram os jogadores e começaram a atirar neles. Três dos jogadores morreram na hora e os outros quatro morreram no hospital. A polícia, que calcula que os atacantes dispararam mais de 180 vezes, ainda não esclareceu a causa da execução.

01 de fevereiro de 2010

Aumentam para 16 as vítimas de um comando armado que executou jovens e feriu mais uma dúzia de futuros jogadores durante uma festa de celebração em três apartamentos de um prédio em Ciudad Juárez, no norte do México. Isso conforme anunciado na segunda-feira pela Prefeitura da cidade. Segundo fontes oficiais, o homicídio múltiplo aconteceu em três apartamentos do loteamento Villas de Salvarcar. Doze dos jovens baleados já foram identificados, entre os quais há dez homens e duas mulheres.

A procuradora geral de Justiça de Chihuahua, Patrícia González, informou em uma entrevista coletiva que, na matança, foram utilizadas armas de vários calibres, entre pistolas e armas grandes. Inicialmente, foi informado que as vítimas faziam parte de um time de futebol e festejavam a conquista de um campeonato.

35. A cadeia

O empresário insiste comigo em que a crise na Espanha está cada vez pior, que está quase batendo na porta. No meio disso tudo, demonstra um sinal de esperança:

— Quanto mais problemas, mais as pessoas precisam de futebol.

Como quase todos os que estão no negócio, ele me diz isso com muita esperança. Vivendo a quimera do apostador. O mercado de jogadores mirins é como um grande cassino, luminoso e tentador e, nele, há os que assistem e os que apostam, os que apostam alto, os que colocam suas fichas em um determinado número esperando que ele saia, enfim, de uma vez, depois de tanto esforço, e que dê lucro, muito, e eles possam celebrar, com os braços erguidos, agradecendo ao destino, ao cassino.

Em troca, se as coisas não acontecem da maneira desejada, se a pessoa perde, terá que procurar outro número, outro menino jogador, outro sonho. Os espectadores, enquanto isso, assistem sem arriscar. E, como sempre, riem do perdedor e têm inveja do ganhador, sabendo que eles mesmos nunca se atreveram a apostar em ninguém. Como se apostar alto fosse um esporte que eles, por serem parte do público, só podem observar.

Por isso a ansiedade. A adrenalina de viciado no jogo com que me fala o empresário é a de alguém que sonha que desta vez sim, desta vez você vai assinar um bom contrato e vai recuperar o dinheiro e ganhar muito mais do que investiu, e a esperança irá durar até o menino dar errado, e assim será com cada novo jogador, até que ele falhe e tenha que procurar por outro, que também falhará e, então, será necessário conseguir outro novo.

Desta vez, a minha primeira vez neste negócio de testar e testar meninos como chaves diferentes para uma única fechadura, foi uma viagem cheia de repetições. Não importa se você percorre países diferentes, campos de futebol diferentes, porque acaba dando no mesmo, com os mesmos pais fazendo exigências a seus filhos, as mães que os acompanham, a violência fora de casa, a violência do continente fora dos campos, as surras, os gols, o futebol, o futuro, a rumba, a raiva, a televisão, os contratos, os maus tratos, o negócio, a indústria. Tudo isso, uma vez após a outra, em cenários diferentes. A mesma toada para histórias diferentes.

Coisas que farei depois que chegar a um acordo com o avô de C.L.01:

A primeira coisa será ir a um cartório e que o escrivão certifique, com a assinatura do familiar direto e a minha, que o menino já está sob minha tutela e que qualquer negociação de seu contrato deve contar com a minha aceitação.

Daí, passar no banco e pagar pelo menino.

Logo, enquanto o empresário na Espanha recebe toda a papelada, a ideia é falar com seu técnico em Valparaíso e contar que agora estou à frente dos negócios do menino e, qualquer coisa, que me avise.

Pensei em fazer um bom vídeo do C.L.01, com excelentes jogadas, gols e entrevistas com seus treinadores e companheiros. Há produtoras que fazem esse tipo de serviço por encomenda.

E logo irei colocá-lo no YouTube, uma operação-chave agora que já não se viaja com as fitas na mala.

É claro que será necessário comprar algumas roupas e conseguir que lhe deem dispensa na escola.

Conforme fui informado, também será necessário obter as autorizações de viagem, que são difíceis de conseguir, mas nada que um advogado não consiga.

A ideia é de que o garoto seja testado e fechar com o time que o testar um contrato de pré-acordo.

É necessário confirmar que eles vão ficar responsáveis pelo sustento do menino.

O time europeu pode querer que o garoto jogue com eles ou mandá-lo de volta e, aí, adeus. Uma boa maneira de fazer pressão é dizer que o Boca Juniors, como prometeu Coppola, também estaria disposto a testá-lo. Isso sempre funciona. Contar uma história qualquer. Porque neste negócio, tudo é uma questão de contar histórias. A história de sair da pobreza. A história de acreditar na história. A história da ficção e da não ficção. A história de que vamos comemorar os gols, de que vamos usar camisas dos jogadores, de que vamos criar suas marcas. E aí estão, nas fotografias publicitárias gigantescas, os ídolos esportivos, os jogadores que saíram da pobreza latina e chegaram ao sucesso europeu. Gurus de marcas esportivas e iscas da indústria de consumo. Mas, se olhar bem, se ficar diante deste pôster gigante da estrela do futebol, verá, em seu olhar, em seus gestos, o menino, que foi vendido e comprado e comprado, e comprado e vendido, e manipulado e usado e explorado e obrigado a trabalhar. Eis o sustento da família e do bairro, o culpado por isto continuar funcionando, o que justifica a cadeia, o sobrevivente.

Para os garotos que acabam de começar no futebol, esses ídolos que já triunfaram são o exemplo a seguir, o modelo a ser imitado, mas para nós, que estamos no negócio das transferências, esses casos são modelos de negócio: como um garoto que não vale nada, um menino pobre de uma família pobre, de uma cidade pobre, de um país pobre, pode chegar a gerar uma fortuna.

Aí começa a cadeia.

O negócio parece tão fácil.

Além disso, se os pobres não valem nada, os meninos pobres valem ainda menos. Mas são um negócio melhor do que criar gado. E também são um bom negócio para o jornalismo *cash*; e para o editor e o distribuidor. Porque uma pessoa pode explorar uma vaca vendendo-a ou vendendo sua história. É possível explorar um jogador mirim comprando-o barato para vendê-lo caro e fazendo-o trabalhar duro, se afastar de sua família, se esquecer de suas origens, e que avance, chute, jogue e não pare, e siga adiante, e corra filho da mãe, corre filho da puta, chuta, isso, aí, vai aí, chuta, lança, chuta, goooooool, gooooooolaço, merda, gooooooolaço porra, e todos nos abraçamos, nós que vemos o gol, os torcedores, o dono do menino que sabe que cada gol, cada boa jogada, é mais dinheiro.

Nesta história, cada um obtém sua parte. Aquele que ganha dinheiro e prestígio com filmes, documentários, livros e reportagens sobre a escravidão desses meninos, deste elo que todos sabem que está lá, que existe, que é muito real, mas matar vacas é muita maldade e comê-las é uma delícia, mas explorar jogadores mirins é péssimo, mas ver seu time cheio de novas estrelas é maravilhoso, e aquele que mostra o que ninguém quer ver também ganha, porque na cadeia todos ganhamos alguma coisa. Uns mais, outros menos, mas todos ganhamos.

Essa é a derrota.

36. O protagonista

Hoje, por fim e depois de muito tempo, o campo do Ercilla, no Morro Barón, deixa de ser de terra e passa a ter grama artificial. É um grande acontecimento. A banda marcial do colégio Leonardo Murialdo desfila com o hino nacional, e há delegações de todos os times de meninos do campeonato Forjadores de Juventud. Em uma dessas delegações está C.L.01, o menino de Valparaíso que todos os seus amigos chamam de Milo.

Na inauguração, ocasião em que concordamos em nos reunir com o avô de C.L.01, são concluídos alguns atos oficiais. É feita a entrega de um prêmio comemorativo em homenagem a Martín Arenas Jara, o último herói saído da pobreza que começa a se empoleirar na glória. Acaba de completar quinze anos e já está na seleção nacional e, até pouco tempo atrás, jogava no mesmo campo em que agora joga o meu jogador.

— Meu ídolo é Alexis e eu gostaria de jogar no Barcelona — diz Martín, sorrindo, preso à ilusão desta máquina que é o Barcelona. Martín é magro, tem o cabelo raspado dos lados e comprido em cima, e veste-se totalmente com produtos da Nike. Está sentado e, às vezes, coloca na boca uma corrente de prata que dança em seu pescoço enquanto caminha.

— De quem é o seu passe?

— Do Wanderers, que compraram do Águilas Verdes.

— E já tem empresário?

— Tenho, Cristián Ogalde, o representante de Eduardo Vargas, de Mark González, de Claudio Bravo — diz ele, mencionando chilenos que jogaram na primeira divisão da Europa.

— E como ele entrou em contato com você?

— O treinador me fez estrear na primeira divisão e, então, vários prestaram atenção em mim. Havia mais possibilidades. Felicevich, o empresário de Alexis Sánchez, se aproximou de mim mas a melhor opção foi a de Ogalde.

— E por que Ogalde foi o melhor?

— Porque, ao contrário dos demais, ele estava mais preocupado comigo. Além disso, me ofereceu uma oportunidade para um teste no Villarreal por alguns dias.

— Com quem você iria ao Villarreal?

— Com ele. Além disso, meu pai mora lá. Meu pai morava nos Estados Unidos, mas há alguns anos mudou-se para a Espanha. Aqui, eu moro com meu avô, um tio e a esposa dele.

— E sua mãe?

— Está no céu... Faleceu.

— E, na Espanha, você moraria com seu pai?

— Não, não quero. Sou daqui agora, e esta é a minha família. Então eu teria que levá-los comigo, os meus tios e meu avô.

— Tem salário?

— Não, ainda não, estamos vendo isso. Mas tenho um patrocinador; a Nike me patrocina.

— E isso você conseguiu com o representante?

— Sim, foi o primeiro. O que também me convenceu, o que me trouxe um contrato de roupas. Posso tirar o que quiser, sapatos, roupa...

O avô de C.L.01 se chama Juan Carlos, usa roupas esportivas e trabalha na rua Uruguay de Valparaíso. É presidente de um clube pequeno e tem gordura no fígado, um diagnóstico médico que o afastou dos churrascos e dos vinhos. Juan Carlos me cumprimenta amavelmente, sabe que estou há tempos procurando por ele e Margarita Flores lhe adiantou algo. Conta que o menino teve más experiências, que um treinador o fazia correr sem ninguém mais, que ele reclamou com o treinador, que seu neto tem muito futuro.

— É rápido, não?

— É, o Milo é rápido. O que acontece é que eu mandei o treinador plantar batatas porque não cuidou dele.

— Mas ele tem vontade de jogar?

— Ele adora treinar; eu o levava a todos os treinos do Wanderers. Ele sempre ia. O que acontece é que, quando ele se comporta mal no colégio, eu o tiro.

— Ele se comporta muito mal?

— Agora está se comportando bem. Eu converso com ele, e digo que ele precisa se comportar bem. Digo que, primeiro, vêm os estudos. Os sapatos que ele pedir, eu compro. Eu e a minha filha juntamos forças e compramos. Então, ele também precisa cumprir com suas obrigações.

— E no campo?

— Explico que ele precisa ser organizado. Ele é líder do time, mas quer fazer as coisas sozinho, e trata-se de um time. Eu sempre digo que precisa se comportar bem, e se a pessoa for desorganizada, o resultado não será positivo.

— A minha ideia, com este livro, além de contar a história do Milo, é ver a possibilidade de levá-lo para a Espanha. É uma possibilidade muito remota, mas estamos trabalhando nisso.

— E você faria isso como agente?

— A ideia é comprar o passe dele do senhor. Disseram que isso sairia por uns 60 mil pesos chilenos — digo a ele, calculando que este valor, se não me engano, equivale a 110 dólares.

Juan Carlos continua calado.

— Mas você o levaria? — pergunta ele, entristecido.

— Não, a ideia é ter o direito de gerenciá-lo e, então, ficar com uma porcentagem da transferência. É assim que se faz hoje em dia.

— Mas eu me informei, porque agora o Milo é reconhecido pelo clube e já não vale esse valor que você disse. Vale mais.

— Bem, mas se ele ainda não foi explorado... É uma aposta muito remota.

— Eu sei, concordo. Não foi explorado, mas agora temos outras coisas em jogo.

— Poderíamos chegar a um acordo por uma parte do passe. Interessa?

— Claro, tudo pode ser discutido. E tem que ser feito em cartório. Algo bom, bem feito.

— E qual seria esse valor? Assim podemos acertar agora mesmo — pergunto, pedindo que coloque o primeiro valor.

— Não sei dizer um valor. Se o menino ainda não foi explorado, é difícil colocar um valor.

— Claro, é uma aposta. Mas o que temos que deixar claro é que, ainda que jogue no Wanderers, eu tenho uma porcentagem.

— Mas só mediante registro em cartório. Bem feito. É como um padrinho. Um tutor, um tutor — diz Juan Carlos, e movimenta as mãos como se estivesse organizando uma mesa.

— Convenhamos que é muito provável que, de todos estes garotos daqui, não saia nenhum. Então, isto é uma aposta.

— Sim, claro, onde há mil pode sair um.

— Ou nenhum. Por isso estão operando com preços mais baixos.

— Agora, o Milo tem onze anos, já esteve no Wanderers, e na U... Eu sei os preços, mas acho que é mais do que me diz, mas tudo pode ser discutido.

— Vamos fechar agora. Sessenta mil parece pouco para o senhor.

— Ah, sim, é verdade.

— E 100 mil?

— Teria que ser mais ou menos algo assim.

— Vamos deixar em 100 mil — digo a ele. São uns 200 dólares.

— Ok, vamos deixar em 100 mil pesos, mas vamos precisar conversar os detalhes, isso sim.

— Tudo isso pode ser discutido.

— Mas ele não vai sair do clube — ele diz.

— Não, por enquanto não. A ideia é que continue jogando no clube, tomara que jogue no Wanderers e tomara que tenha a melhor carreira possível. Mas a ideia é que já tenhamos o acordo registrado em cartório.

— De que você é o tutor.

— E que posso gerenciar sua carreira para o exterior. Bem, eu o compro por 100 mil pesos, negócio fechado.

— E você entrou em contato com algum clube, em Santiago ou outro clube?

— Não, não, eu tenho um contato na Espanha. Mas estou fazendo isso porque estou escrevendo um livro sobre a transferência de meninos, e foi então que me envolvi nesse assunto.

Enquanto isso, C.L.01 e outros meninos jogam na frente de uma trave a poucos metros de nós.

De repente, a bola chega a C.L.01. Nós nos viramos, eu e o avô, para olhá-lo, e o menino sabe que está sendo observado.

Os outros meninos continuam jogando mais uma partida, mas C.L.01 se movimenta com mais vontade, como se estivesse em um teste em frente ao seu comprador. É como se todos os demais se movessem em câmera lenta, em silêncio, enquanto Milo avança rápido e ouve-se somente sua respiração.

Milo passa o primeiro.

Milo supera o segundo jogador.

Milo fica de frente para a trave e aponta.

Milo aperta os dentes e cerra os punhos.

Milo joga para trás sua perna direita, antes de dar o chute.

Milo não quer falhar.

Milho joga com alma, como um menino que quer sair e chegar.

Milo segura a respiração enquanto a bola vai em direção ao gol.

Milo sabe que está sendo observado.

Milo volta a respirar quando a bola toca a rede.

Milo grita gol.

O som volta quando os outros meninos gritam gol e C.L.01 ergue os braços para os céus e comemora olhando em nossa direção, e talvez festeje pensando em sua venda, e os outros meninos o abraçam. Festejam em um campo de futebol como os meninos de Ciudad Juárez antes dos tiros, ou nos campos presenteados por Pablo Escobar nos morros de Medellín, ou no povoado de Jesús María, onde usam a camiseta de Che Guevara e sonham com um futebol antissistema. E voltam a jogar, fazem passes e tentam vencer o goleiro, como se estivessem no Callao peruano, ou como estarão agora mesmo jogando esta eterna partida de futebol sobre a qual Teillier escreveu, seguindo a bola nas Ilhas Galápagos, ou em Montevidéu, ou nos campos de areia de Tocopilla onde nasceu Alexis Sánchez. E quebram a cintura, chutam a gol, como os meninos protegidos entre algodões de Guadalajara, e sonham com a glória como os meninos do América do México que rezavam pelo ídolo com a bala na cabeça. Enquanto o empresário está cada vez mais asfixiado pela crise espanhola, eles jogam para ser o novo Messi, o último Maradona, sempre com seus pais e mães acompanhando-os nos treinos e exigindo deles e pressionando-os e acreditando neles como uma condenação e como uma salvação.

E, enquanto isso, continuamos na eterna contradição do consumo. Pensar que matar vacas é muito ruim, mas comer a carne é uma delícia. E que explorar, vender e transportar meninos que joguem futebol é muito ruim, mas ver os garotos que ganham as Copas para o nosso clube é muito bom, e nós vamos comemorar. Enquanto isso, vamos continuar a história de seus contratos milionários como parte da grande festa, desta roda da fortuna da religião mais difundida do planeta, como Vásquez Montalbán chamava o futebol.

— Tomara que seja esta semana, que não passe muito tempo — diz o avô.

— Então, ficamos assim.

E apertamos as mãos, dando por oficialmente finalizada a busca do protagonista na sombra deste livro.

Agradecimentos

Dente de Leite S.A. deve muito aos entrevistados, os que aparecem no livro e os que não chegaram à versão final. Aos que me deram seus nomes e aos que preferiram não aparecer, mas, em troca, deram-me outros nomes e mais dados e novas recomendações.

Agradeço a todos aqueles que, sabendo o que eu estava fazendo, durante todos estes anos, falaram-me de jogadores, histórias, destinos e personagens. E, entre eles, quero agradecer a um verdadeiro time de estrelas: Daniel Riera, Daniel Titinger, Santiago Cruz Hoyos, Daniel Samper, Alejandro Almazán, Santiago O'Donnell, Marco Avilés, Guillermo Culell, Francisco Mouat, Carlos Vergara, Carlos Franz, Jesús Hernández e Arturo Cervantes.

A Diana Hernández Aldana e toda a equipe da Blackie Books.

Ao meu pai e meus irmãos, pois graças a eles cresci vendo futebol e indo aos estádios.

E a Christian Caresio, Pablo De Toro, Cristian Eltit e Gonzalo Mella, por tantas partidas jogadas juntos.

Este livro — composto em Minion Pro
no corpo 11,5/13,8 — foi impresso
sobre papel Pólen Soft 80 g/m² pela
RR Donnelley, em Barueri — SP, Brasil.